追寻连氏家族之根

胡启华 著

九州出版社
JIUZHOUPRESS

图书在版编目(CIP)数据

追寻连氏家族之根/胡启华著. —北京：九州出版社，2008.12（2009.4 重印）

ISBN 978-7-80195-839-6

Ⅰ.追… Ⅱ.胡… Ⅲ.家族—史料—中国 Ⅳ.K820.9

中国版本图书馆 CIP 数据核字(2008)第 183262 号

追寻连氏家族之根

作　　者	胡启华　著
出版发行	九州出版社
出 版 人	徐尚定
地　　址	北京市西城区阜外大街甲 35 号(100037)
发行电话	(010)68992190/2/3/5/6
网　　址	www.jiuzhoupress.com
电子信箱	jiuzhou@jiuzhoupress.com
印　　刷	三河市东方印刷厂
开　　本	720×1020 毫米　16 开
印　　张	8.5
字　　数	100 千字
版　　次	2008 年 12 月第 1 版
印　　次	2009 年 4 月第 2 次印刷
书　　号	ISBN 978-7-80195-839-6/K·151
定　　价	22.00 元

◆ 连战先生站在连氏宗祠大门前的台阶上，感慨万千："我在这里可以告慰连家的烈祖烈宗，爷爷啊，我回来了，我终于回来了！"

◆ 广水考察组在福建龙海市地方志办公室查阅连氏家族资料

◆ 1990年3月，浙江乐清连氏宗亲赴广水祭祖，在蔽山之阳的连处士墓前留影

◆ 连都官墓所在地——三钟山

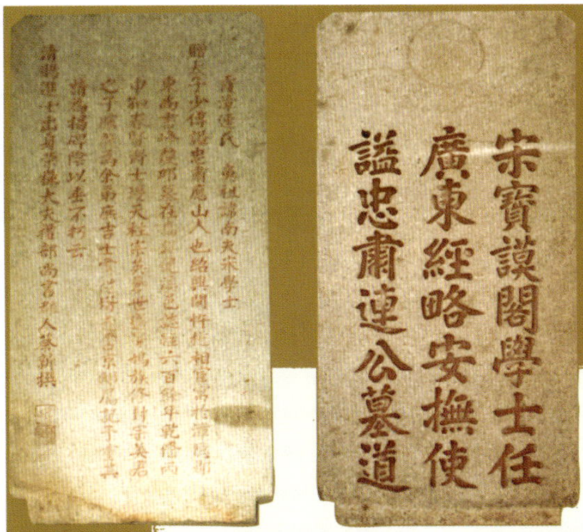

保存于龙海马崎连氏宗祠的连南夫墓道碑

清同治《应山县志》所载四贤祠图

明、清《应山县志》

◆ 2006年4月19日，连战夫妇携子女在龙海岐山始祖佛保公墓前合影。

◆ 2008年春，湖北省台办桂植斌处长一行在广水市陈巷镇蔽山之麓的连处士墓前留影

序

欣闻《追寻连氏家族之根》即将出版，可喜可贺！这是广水连氏文化建设的又一成果，也是海峡两岸炎黄子孙同根同祖的又一例证。

广水连氏文化是中华连姓这一千年望族的智慧结晶，是中华民族传统文化的瑰宝。历代《应山县志》记载了连氏先贤的大量光辉事迹，广水至今遗存着宋代连氏名胜古迹——连处士墓、连都官墓、四贤祠等。在《随州志》、《德安府志》、《湖北通志》、《宋史》、《六一居士文集》等古代文化典籍中，在《福建通志》、《漳州府志》、《龙溪县志》、《石码镇志》等众多地方志书中，在福建、浙江、江西、广东等全国各地的《连氏宗谱》中，都记载着应山连氏的辉煌历史。改革开放以来，全国各地连姓族人、文史专家，不断到广水寻根问祖、考察论证，确认山西上党、湖北广水、福建龙海、台湾宁南坊连氏一脉相承，中国国民党荣誉主席连战先生之根也在广水。

连氏文化对广水产生了深远影响。明正统年间德安郡守范君理巡视应山时说："应山之为邑，以四贤之名见重"；宋代大文豪欧阳修在《连处士墓表》中说："其（应山人）长老教其子弟所以孝友恭谨、礼让而温仁，必以处士（连舜宾）为法"；宋集贤校理张耒在《四贤堂记》中说："凡吾邑之俗好学而文，纯静有耻者，四君子之化也!"受连氏文化的影响，应山"民秀而文，俗朴而俭"，名人贤士辈出：宋庠、宋祁、连庶、连庠、欧阳修五进士同出名师连舜宾一门；王世则、宋庠、宋祁、郑獬四状元相继出现在北宋应山一县。宋代以来，广水名人"项背相望，后先辉映"，如宋代抗金英雄连南夫、抗元名将李庭芝，明代直谏忠烈杨涟，清代"开国功臣"洪起元、台湾府海防同知洪一栋父子，现代旅美作家聂华玲、高能物理学家聂华桐姊弟等等。

广水春秋时为贰国，梁大同二年（536年）设置永阳县，隋开皇十八年（598年）改名应山县，1988年撤县建市命名广水市。广水地处鄂北门户，位于大别山脉与桐柏山脉交汇处，境内高山连绵，雄关鼎立，河流纵横，山水竞秀，自古是南北交通咽喉，军事重地，商旅要途。北部的平靖关、武胜关、九里关，号称“鄂北三关”，其中平靖、武胜两关名列“中国九大名关”。平靖关、武胜关之间的中华山，至今遗存上百座古代军事山寨，与百条风光秀丽的沟壑瀑布形成中华山九十九寨沟旅游风光，现已成功开发的三潭风景区、中华山森林公园、黑龙潭风景区名扬四海。广水南部的徐家河风景区、李白望月思乡赋诗处寿山太白庐、“一师五进士”之师连处士蔽山墓、国共美三人小组吉阳山谈判旧址，四大人文美景闻名遐迩。广水历史上称颂的“三台八景”自古著称于世。

广水优越的地理位置，壮丽的山川，悠久的历史，灿烂的文化，为建设文化名市创造了得天独厚的条件。中共广水市委、广水市人民政府在“十一五”规划中，提出了建设县域经济强市、文化名市、山水旅游城市的奋斗目标。经过几年努力，广水经济社会发展全面提速，跻身全省县域经济第一方阵，工业企业形成了以风机制造、金属冶炼、医药化工、造纸包装、食品加工、轻纺服装为支柱的六大产业。文化事业、旅游开发、城乡建设跨越发展。先后荣获中国民间书法艺术之乡、中华诗词之乡、中国楹联城市称号。

广水山川壮丽，地理条件优越，自古为名人雅士荟萃之地，经商旅游的理想之所；广水文化灿烂，连氏文化影响深远，人民淳朴善良，热情好客。广水93万父老乡亲，热忱欢迎海内外连氏宗亲到广水寻根谒祖！欢迎台湾同胞和广大有识之士到广水观光旅游、投资兴业！祝愿广水连氏文化这颗千年明珠，沐浴盛世春风，放射出璀燦的光芒！

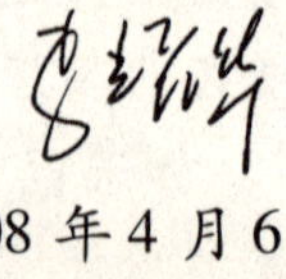

2008年4月6日

目　录

引　言

台湾连氏家族源远流长，春秋时开宗山西上党，西晋时南迁河南固始，唐末移居湖北应山，北宋末年宦寓福建龙溪，清康熙年间东渡台湾宁南坊。湖北省广水市（原应山县）是连氏家族辉煌发展史上绚丽动人的一页。

在三千年的历史长河中，连氏家族历经曲折，饱经忧患，顽强生存，繁衍不息，涌现了无数志士仁人，英雄豪杰，发生了无数流传千古的动人故事。特别是其爱国忠义、爱民济民的精神，代代相传，令人景仰，成为连氏文化的精神内涵。如果说连氏家族文化是中华民族传统文化宝库中的瑰宝，那么应山连氏文化就是其中一颗璀璨的明珠。翻开广水历代县志，一览连氏先贤的光辉历史，连氏一族实为千年望族：有连光裕这样勤政惠民的县令，有连舜宾这样仁义慈善的处士，有连庶、连庠兄弟这样品行高洁的清官，有连南夫、连万夫兄弟这样的爱国英雄……连氏一族，为广水悠久的历史增光，为广水秀丽的山川添彩。特别令广水人民感到亲近的是，中国国民党荣誉主席连战先生也是广水连氏同根同祖的一脉传人。

广水自古被南方连氏视为发祥地，改革开放以来，福建漳州龙海、浙江温州乐清连氏，本省孝感、随州连氏纷纷到广水寻根问祖；海内外史学界热议广水连氏历史。2006 年清明节，《连战家族》作者马骐先生追溯连战家族源流来广水考察，再次认定广水是连战家族的发祥地。

为了弘扬中华民族优秀传统文化，笔者对连氏家族在广水的历史进行了一次较为系统的梳理，进而对连战家族源流进行了深入追溯，现将考证的史实如实记录。

第一章　一脉相承的世系

连氏家族“望出上党，脉自应山”，从湖北应山开始，连战家族繁衍世系、迁徙路线清楚可辨。从连总由闽迁鄂，至总公八世孙连南夫宦隐福建龙溪，从南夫公十九世孙连兴位渡海迁台，至兴位公九世孙连战先生，一脉相承。

一、从连总至连南夫的世系

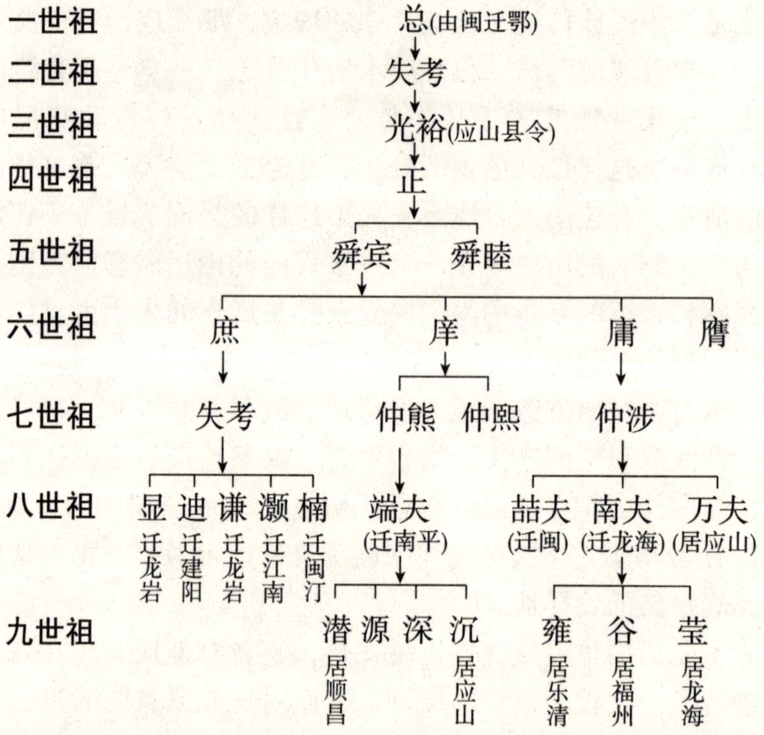

世系图说明

一世祖　连总（清《康熙应山县志·循良传》、清同治《应山县志·名宦》作“聰”，即“聪”）：字会川，唐咸通九年（868年）进士，任广西、四川副使，诗人。由福建闽县迁居湖北随州。

二世祖　失考。

三世祖　连光裕：连总孙，乳名五荣，生于梁开平庚午年（910年）四月初七日巳时，卒于宋淳化甲午年（994年）十月初三日亥时。宋初应山县令，后任磁（今河北磁县）、郢（今湖北钟祥）二州推官，勤政爱民，清风峻节，名重一时。卒于任上，应山人追思惠政，迎柩以葬应山黄榜山之原。

《连氏宗谱》中的光裕公画像

周氏：生于后唐同光乙酉年（925年）二月十六日酉时，卒于宋至道丙申年（996年）七月二十一日，葬光裕公墓左。

四世祖　连正（明《嘉靖应山县志》载《连处士墓表》作“政”）：连光裕子，名国扬，字朝佐，久病，未仕。

五世祖　连舜宾（971—1030年）：连正长子，著名隐士，以子恩累赠金紫光禄大夫、尚书、刑部侍郎。卒葬蔽山之麓。（见第三章欧阳修《连处士墓表》）

连舜睦：连正次子，居湖北云梦。

六世祖 连庶：连舜宾长子，庆历六年进士，曾任商水尉、寿春令、职方员外郎，为官清廉，人称“连底清”。欧阳修称其为“上党三哥”。

连庠（1005—1067 年）：连庶弟，庆历二年进士，曾任宜城令、职方员外郎、都官郎中等。卒葬三钟山下。为官清而肃，人称“连底冻”。与兄齐名，人称“应山二连”。（见第三章王莘《连都官墓志》）

朱氏：连庠元配，葬三钟山下。

李氏：连庠续配，封仁和县君，卒于 1085 年，葬三钟山下。

连庸：连舜宾三子。

连膺：连舜宾四子。

七世祖 连仲熊：父连庠，母朱氏，开封雍丘尉。

李连氏：连庠长女，适进士李岘。

连仲熙：父连庠，母李氏，成州同谷（今甘肃成县）尉。

宋连氏：连庠次女，适宣德郎宋乔年。

李连氏：连庠三女，适进士李仲舒。

连仲涉：字淑颖，赠通议大夫。父连庸。另有一说，据浙江乐清岜前《连氏宗谱》：淑颖父子纯，祖父端贞，曾祖连庶。

杨 氏：仲涉夫人，赠淑人。

高 氏：仲涉夫人，赠淑人。

八世祖 连显：连庶长孙，名耀祖，字贤桢，为福建龙岩令，遂定居龙岩。

连迪：连庶次孙，名弥，派名荣三。进士，历任光州固始令、饶州府尹、建宁府刺史，后由应山迁居闽北建宁府建阳县西罗。

连谦：连庶三孙，迁龙岩。

连灏：连庶四孙，迁江南。

连楠：连庶五孙，迁闽汀。

连哲夫：南夫兄，随南夫外出官宦人生。曾受朝廷封赏。

连南夫（1085—1143 年）：连庸孙，连仲涉子，字鹏举，号一阳，宋代著名抗金爱国英雄。政和二年（1112 年）进士，曾任职粤闽。绍兴九年（1139 年）贬知泉州，次年隐居漳州龙溪（今龙海市），卒葬龙海连山，谥忠肃，赠太子少傅，其嫡传后裔称“连山连氏”。2006 年 4 月 19 日，中国国民党荣誉主席连战先生到龙海市马崎连氏宗祠祭拜的开基祖就是连南夫。（见第三章第四节）

2007 年 11 月广水考察组赴福建龙海考察连南夫墓地

王氏：南夫夫人，封赠淑人。

连万夫：南夫弟，《宋史》有传。建炎四年（1130 年），金兵犯应山，万夫率数千乡亲依据鄂北三关天险御敌，被敌围困三天，最后山寨被攻破，壮烈牺牲。

连端夫：南夫堂兄弟，名灿，又名朴素，派名荣十，字端夫。宣和三年（1121 年）因功官朝散郎，知南剑军州（今福建南平市）事，宣和五年为应山四贤祠立碑。卒葬南平顺昌县来布村龙山。（见第三章第五节）

游景娘：连端夫元配。

赵氏：连端夫续配。

九世祖　连雍：南夫长子，字宇茹，生于应山，朝奉郎，邵州（今湖南邵阳）知州，定居浙江温州乐清横山。

连谷：南夫次子，字宇芹，生于应山，任职秀州华亭县（今上海市松江县西）袁步盐场，定居连氏祖籍地福建福州。

连莹：南夫三子，字宇芷（又作宇茝），生于应山，侍奉其父，定居福建漳州龙海连山。

刘连氏：南夫女，适将仕郎刘蘧。

连潜：端夫长子，名子谆，字孔昭，号养静，宋绍兴八年（1138年）进士，绍兴十六年（1146年）为守父丧，从湖北应山县迁居南剑州顺昌县，在来布村下连村建有“鸳鸯楼”。

连源：端夫次子。

连深：端夫三子。

连沉：端夫四子，迁回应山定居。

综观上述世系可知，从连总唐末徙居湖北随州，至总公八世孙连南夫南宋绍兴年间罢官隐居福建龙溪，连氏南夫一脉在应山繁衍九代（一说十一代），历经唐、五代、北宋、南宋四个时代，近三百年，在连氏家族发展史上写下了辉煌灿烂的篇章。

二、从连南夫至连兴位的世系

自连南夫宋绍兴十年隐居福建龙溪连山，至南夫公十九世孙连兴位清康熙年间渡海迁台，连氏兴位公一脉在龙溪繁衍生息十九代。

连南夫隐居龙溪尚书峰之麓，葬于尚书峰对面的连山，其嫡传子孙皆称“连山连氏”，简称“连山氏”。

南宋末年，南夫公五世孙连秀璇与文天祥一起保宋抗元，转战江西、福建、广东，在著名的海丰五坡岭战役中，连秀璇所率“连山氏”合族战死38人，文天祥被俘，宋亡。噩耗传来，连山氏举族连夜逃往海中小岛玉田山，躲避元兵株连报复。可是尚书峰麓连厝还是被元兵焚毁，连山连公墓被夷为平地，墓碑被砸碎，有元一朝，连姓族人隐姓埋名。至今连厝遗址尚存，尚书峰麓的园头等社沿袭每年9月14日祭拜反翁王的习俗，每年正月十五迎神时，连厝是必游之地。

连氏在玉田山逐渐发展航海业。明初，由于倭寇、海盗猖獗，明政府实行海禁："寸板不得下海"、"敢私下诸番互市者，必置重法"。航海通商受阻，南夫公十世孙连佛保子孙于明宣德年间（1426—1435年）返迁连山之北的马崎社，转向内河营运，从此马崎成为连山氏第三个聚居地。也有连界公于明嘉靖末年（1566年）从玉田山迁往闽南云霄县云陵镇，后再迁广东、台湾等地。

佛保公，德配李氏，育三子，长文禄，次文亮，三文远。文远公之孙连象，好学、有才干，明成化元年（1465年）出任广东临高巡检。《漳州府志》载："连象，字凯范，龙溪人，始祖曰南夫……"明万历二十八年庚子科举人连莀，《漳州府志》载其传，在其名下注曰："宋寓贤南夫裔孙"。

至明中叶，马崎连氏发展到讲堂、白石、福山、好坑、赤石、圳墘、方厝、红山等村社。万历年间，连姓始在马崎建"岐山连氏宗祠"，尊奉连南夫为"连山始祖"，奉连佛保为"岐山始祖"，同祠祭祀。

明清交替之时，清政府为断绝郑成功军队与沿海人民的联系，于顺治十八年（1661年），强制实行"迁界"政策，"迁海边居民之地，离海三十里的村庄田宅，悉皆焚弃"。龙溪连姓因此由聚居变为散居。康熙二十一年（1682年），郑氏附清，台湾回归祖国，沿海居民"复界"。清福营参将、昭勇将军连烺，倡建宗祠，邀师办学。此后马崎连氏人丁兴旺，人才辈出。乾隆四十一年（1776年）又重修马崎连氏宗祠。

今留居马崎社多为文禄、文亮公后裔；三房文远公，传七子，先后迁往漳州各地的好坑社、紫泥镇、榜山镇、石码镇、漳州市芗城区王公庙上连社、龙文区小港连厝等地。还有迁居厦门、台湾、广东、东南亚各地。清康熙年间从马崎迁往台南马兵营的连战家族是三房文远公一支。

下面引用龙海市连氏宗亲会会长、副会长连俊三、连添福先生绘制的《连山连氏后裔分布图》，以图说明：

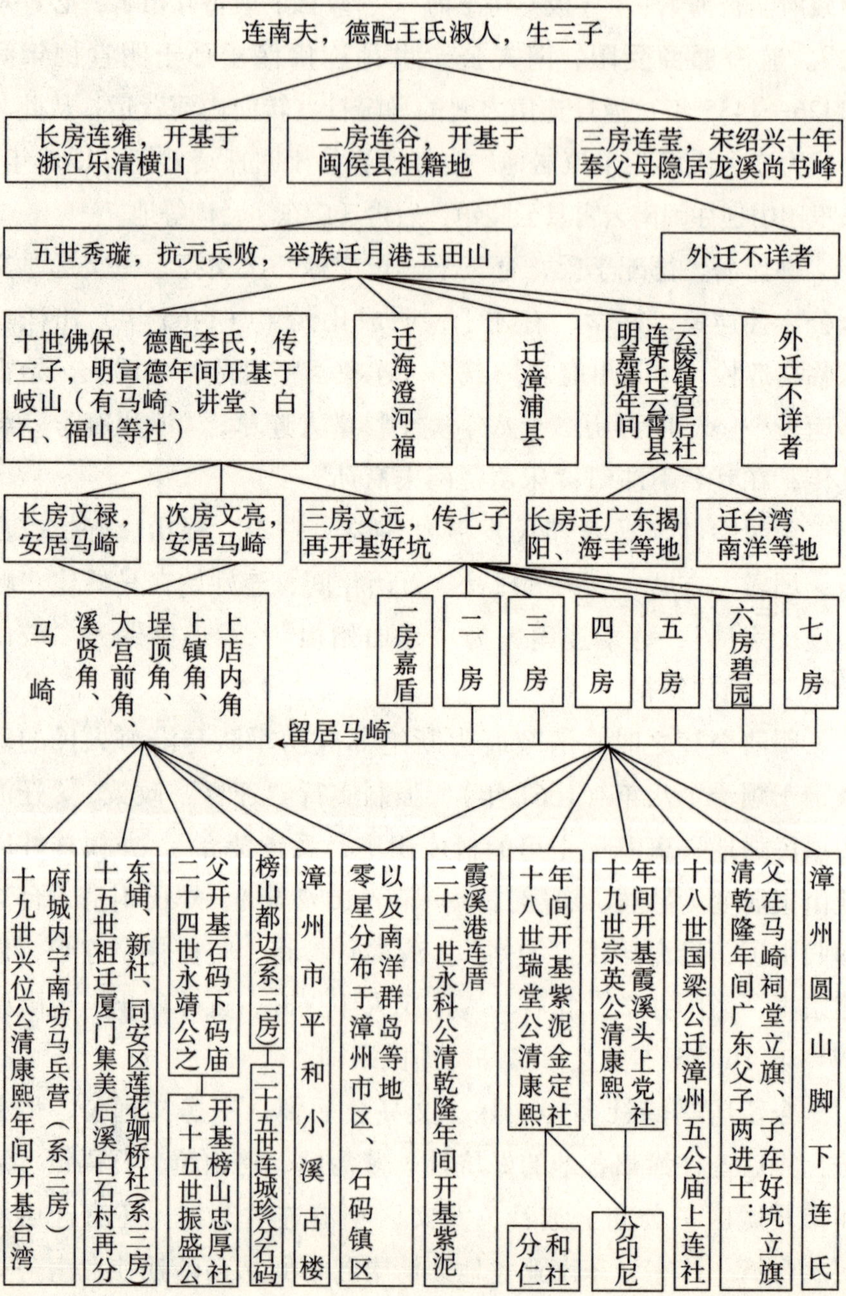

三、从连兴位至连战的世系

清康熙年间，南夫公十九世孙连兴位“遂去龙溪，远移鲲海”，定居于台湾府城内宁南坊马兵营。自兴位公迁台至连战先生子女，连氏在台繁衍十代。其世系如下：

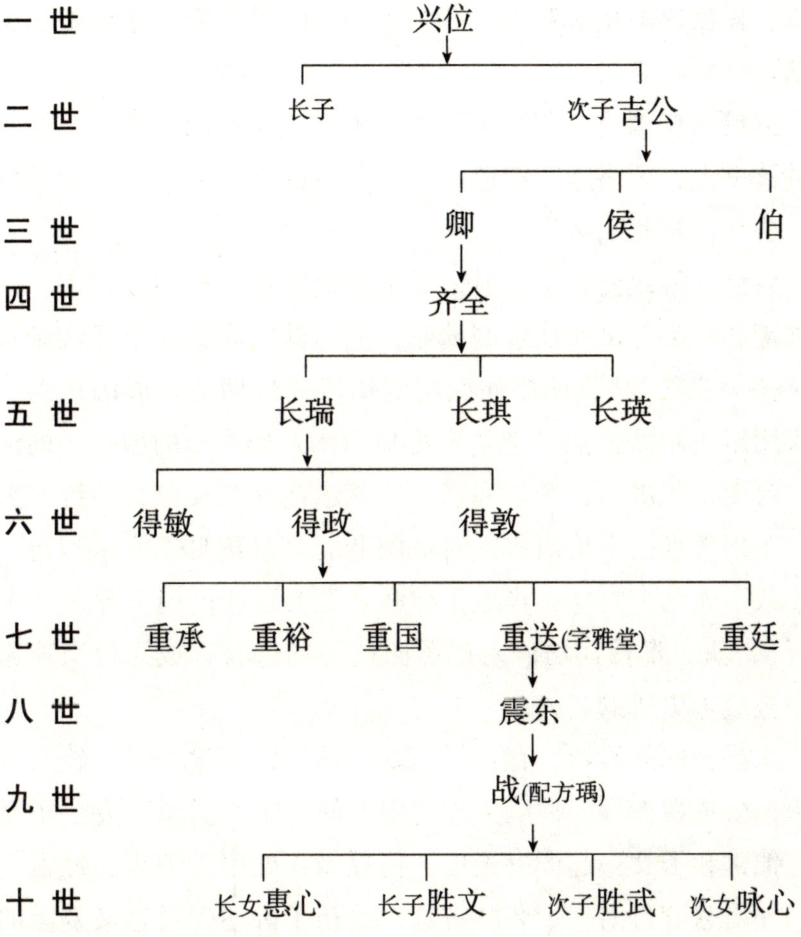

连战家族迁台300余年，历经艰辛曲折，逐渐发展成为世人瞩目的名门望族，纵观其家史，无论时势多么艰难，始终保持了连氏先贤爱国忠义的家族遗风。

一世　兴位公，生于清康熙二十年（1681年）二月初四日，卒于乾隆元年（1736 年）五月十一日，以农耕为业，娶台南本地女子翁和娘为妻，生子二。

二世 吉公，配欧炎娘，生子三。

三世 卿公，配叶美娘，生子齐全。

四世 齐全公，配程为娘、石柑花娘，生子三、女一。经商致富，连家逐渐由弱到强，但“树大招风”，遭土匪抢掠，家道中落。

五世 长瑞公，配郑清罔娘，生子三、女四。公是一位有学问的读书人，因恪守明朝遗民不应科举的遗训，全凭兴趣爱好读书，成为“谜坛奇才”。

六世 得政公，字永昌，爱国儒商。青年时饱读诗书，因不参加清朝科举考试而从事制糖业，他为糖厂取了一个文雅别致的名字——“芝兰”，他抓住巡抚刘铭传扶持糖业发展的机遇，积极采用新法制糖，把“芝兰”办成台南首屈一指的糖厂。同治年间，台南连年饥荒，米价飞涨，他继承连家仁义慈善传统，采购一二千担大米，平价出售，对贫困老弱之家按日二升米救济，活人无数。光绪十九年，当地士绅联名上书巡抚衙门举荐其“孝友端行”，获“奉旨建坊，入祀孝悌祠”的荣誉，成为台南连家第一个被载入史册的名人。

永昌公配刘妙娘，育五子二女，连横即其第四子。经商成功的永昌公重视教育，他购买连宅附近的一座“吴园”专供子女读书。他常和子女一起读书论史，传授做人处事的道理，经常带孩子们外出遍游台南一带名胜古迹，给孩子讲述先贤忠义爱国的故事。他曾购一部《台湾府志》送给幼年连横，说：“汝为台湾人，不可不知台湾史”，由此激励了儿子长大成为历史学家。

七世 重送（1878—1936 年），字雅堂，号剑花，又名横。1894 年正当台南连氏家业如日中天的时候，中日甲午战争爆发，中国战败，马关条约签订，日本割占台湾。连宅作为刘永福领导的抗日军队的总指挥部，在日寇占领台湾之后被焚毁，父亲连永昌猝然病故于抗日筹款的途中，年仅 18 岁的青年连横，用他那稚嫩的双肩挑起家庭、家族、民族存亡的重担。连家在台湾因经营实业而发达，因日军侵占而败落，而连横却走了另一条人生之路：他在国破家亡的乱世中，用他那支横扫千军的笔，为保存民族文化拼搏奋斗，成为台湾文化巨匠。他撰写的《台湾通史》，“如同一盏历史明灯，照亮台湾同胞寻根问祖的道路”，他的《台湾语典》、《台湾赘谈》、《大陆游记》、《剑花室诗集》、《雅堂文集》等宏文巨著，无不渗透爱国思想，他被誉为台湾四大历

雅堂先生民国元年赴大陆前所摄全家福。左起：震东、夏甸、秋汉、夫人沈筱云、雅堂先生、春台

史名人之一。如今在台北市新公园，人们可以看到“剑花亭”中巍巍矗立的连横铜像，这是 1967 年春台湾文化界发起建造的著名的“一阁四亭”之一。“翠亨阁”是纪念孙中山先生的（“翠亨”是孙中山故乡村名）；“大木亭”是纪念驱荷复台的民族英雄明“延平郡王”郑成功的（因其原名郑森，字大木）；“大潜

亭”是纪念抗法保台的民族英雄清首任台湾巡抚刘铭传的（因其故乡合肥有大潜山，号大潜山人）；“沧海亭”是纪念抗日义军领袖清工部主事丘逢甲的（因其笔名沧海）；“剑花亭”，即纪念连横之亭。由此可见连横在台湾人民心目中的地位。

连横配沈筱云，生子一：震东；女三：长女夏甸、次女春台、三女秋汉。连横教育子女继承连氏家族遗风和中华民族爱国传统，他亲书家乘传于后人，他像他的父亲那样，经常带子女游历台南安平古堡、延平郡王祠、梦蝶园、五妃庙、开山宫、宁南门等众多的蕴含历史文化和民族精神的名胜古迹。他曾为诗云：“一丘一壑吾能隐，某山某水任钓游。闲与儿曹谈掌故，胸中自有鲁春秋。”他给唯一的儿子起名震东，字定一，知情人一看便知含义：震撼东亚，台湾与祖国大陆定成一统。他的唯一的孙子连战之名也是他预命的。1936 年 6 月在他临终之时，孙子尚未出生，他拉住儿子震东的手，郑重叮嘱：“震东啊！日本人气焰嚣张，中日必有一战，倘能战胜，光复台湾即其时也。汝其勉之……告诉兰坤，倘生男孩，便名‘战’。战胜日本，光复台湾，我死可瞑目了。”

八世　震东（1904—1986 年），字定一。1929 年从日本东京庆应大学经济专业毕业，1931 年内渡祖国大陆，英勇抗战 15 年，成为抗日将领，与燕京大学才女沈阳名门闺秀赵兰坤结为抗战夫妻。1945 年抗战胜利后，台湾光复，返台从事接收工作。在台湾政坛驰骋 41 年，历任台湾省政府建设厅厅长、民政厅厅长、省政府秘书长、“行政院内政部长”、“总统府国策顾问”、“资政”等要职。连震东这颗政治巨星的崛起，使这个千年望族的历史发生戏剧性的变化——从宋代爱国军政人物连南夫，到台南工商巨子连永昌、文化巨匠连横，再到军政人物连震东、连战，千年巨变家族史，鲜明地画出一个周而复始的圆形轨迹。

九世　连战，字永平，1936 年 8 月 27 日出生于古都西安，先后在西安、重庆读小学，抗战胜利后，随父母返台在台北读中学。1957 年台湾大学政治系毕业，1965 年获美国芝加哥大学政治学博士学位，同年与同在芝加哥留学的方瑀结为秦晋之好。在美国大学执教两年后，应邀返台湾大学从教，不久受聘台大政治系主任、政治研究所所长。一个偶然的机会使他这个纯粹的学者逐渐步入政坛。因其在国际政治和外交学研究方面的名气，台湾政治大学国际关系研究所所长杭立武慧眼识珠，聘其从事秘密的

国际事务研究，因其研究小组直接对蒋经国负责，使其获得蒋先生的赏识。1969 年 3 月在国民党第十次代表大会上以“青年才俊”选入中央候补委员，1970 年荣获台湾“十大杰出青年”称号。1975 年，应“行政院长”蒋经国召请，出任驻萨尔瓦多“大使”，正式从教坛登上政坛。1981 年出任台湾交通部门负责人，1984 年当选国民党中央常委，成为台湾政坛耀眼的新星，与担任“资政”的父亲连震东一起，父子双星高照。1987 年出任“行政院副院

长”，1993年任“行政院长”。其间，作为爱国史家连横、抗战将领连震东后裔的连战，在两岸关系上主张携手“共创双赢”，避免你死我活的“零和”斗争，以大陆为腹地建立“亚太营运中心”等等。这些爱国主张当然不合骨子里埋藏着“台独”阴谋的李登辉的口味，起初尚不敢表露，后来随着其根基的稳固，李登辉很快暴露出真面目，限制两岸经贸关系发展，连、李渐行渐远。直至2000年初台湾地区“大选”时，李登辉身为国民党主席，却筹划攻击本党“总统”候选人连战，公然“弃连保扁”，加之开除宋楚瑜出党，引起国民党分裂，致使连战、宋楚瑜双双落败，而让以“台独”为号召的民进党正、副候选人陈水扁、吕秀莲以微弱多数侥幸获胜。2004年3月坚持“一个中国”共同理念的连战、宋楚瑜再度联手竞选台湾领导人，支持率始终领先，不料，在投票前一天的3月19日，“疑云重重”的“陈、吕遭枪击案”发生，连、宋出乎意料地再次以微弱的差距落选。

2005年4月连战首访大陆祭拜南京中山陵

2001 年，国民党第十六次代表大会开幕，连战接下李登辉视为“弃履”的中国国民党这个“老大难”党的指挥棒，开始调整新的航向。他针对“台独”，旗帜鲜明地高呼：“我是台湾人，也是中国人。”他广泛团结亲民党、新党以及无党派“反对台独”人士，形成了在台湾岛内超党派的“泛蓝阵营”，与以陈水扁、李登辉为首的“泛绿阵营”中鼓吹“台独”势力进行坚决斗争。

2005 年 4 月 26 日，面对政治高压和“台独”分子的“棍棒送行”、“去就不要回来了”等暴力威胁，连战带领中国国民党大陆和平之旅访问团，“印我青鞋第一痕”，面带微笑，从容踏上大陆和平之旅。4 月 29 日胡锦涛总书记和连战主席站在北京人民大会堂的红地毯上亲切握手。国共两党“渡尽劫波兄弟在，相逢

2006 年 4 月 19 日，连战夫妇及子女到龙海马崎祭祖（连战身后为长子连胜文，连方瑀身后为长女连惠心）

一笑泯恩仇”，等待了 60 年，终于等来了这“历史一握”。2006 年 4 月，连战到北京参加首届“两岸经贸论坛”，与胡锦涛总书记实现了二次“胡连会”，达成了“促进两岸交流合作的、惠及台湾同胞的 15 项政策措施”。此次大陆行，先生还偕夫人连方瑀、女儿连惠心、长子连胜文、次子连胜武到福建漳州龙海寻根谒祖，实现了台南连氏家族迁台 300 年以来首次回乡寻根之旅，

也是对数典忘祖的“台独”分子“去中国化”图谋的一记重拳猛击。2007 年 4 月，他再次赴北京参加第二次“两岸经贸论坛”，与胡锦涛总书记第三次握手。2008 年 4 月，连战再次率团访问大陆，参加了北京奥林匹克体育中心台湾著名雕塑艺术家的作品《水袖》落成揭幕式，表达了台湾同胞支持北京奥运会的真诚祝愿。4 月 29 日，在北京钓鱼台国宾馆与胡锦涛总书记第四次握手。随后，连先生和夫人及访问团成员访问了湖北。他们从重庆顺江而下，先后参观了三峡水利工程、荆州古城、武昌辛亥革命博物馆等。

十世 胜文，连战长子，中国国民党中央常委；胜武，连战次子，企业家；惠心，连战长女，文史专家；咏心，连战次女，留美博士。他们为连横曾孙，迁台始祖兴位公十世孙，龙溪始祖南夫公二十八世孙。他们是这个千年望族的希望之星。

第二章　千年望族垂青史

连氏家族在广水留下了辉煌的历史，在闽、浙等地也留下了光辉足迹，历代文献记述颇丰。

一是历代《应山县志》有记载。从明代到当代，每部县志中都有大量的关于连氏人物事迹、墓葬、诗文等记载。

二是《宋史》、《湖北通志》、《德安府志》、《随州志》等对应山连氏历史多有记载。

三是福建龙海、福建闽侯、浙江乐清等地连氏宗谱、地方志对应山连氏人物有不少记载。

四是连战家族史专家马骐先生专著《连战家族》已经公开出版，该著对连战家族的根脉在广水作了有力的论证。下面逐一列举。

一、《应山县志》中丰富的记载

广水历史上修有四部县志，即明《嘉靖应山县志》、清《康熙应山县志》、清同治《应山县志》、1989 年《应山县志》。

历代应山县志中都有关于连氏家族的大量记载。知情人戏说，古代应山县志似乎是为连氏家族而修。限于篇幅，笔者主要列举《嘉靖应山县志》的记载。

首先让我们翻阅嘉靖志“卷上”，无论是山川、坊庙、丘墓，还是科第、人物等条目中，都充满了关于连氏家族的记载。如：

《山川》（第三页）载：“三钟山，在治西五里，有宋连庠墓。”

“蔽山，在治南五十五里，其阳属安陆县，有连舜宾墓。”

《坊乡》(第三十一页)载:“双璧坊,在治南,知县李春为二连建。”

《坛庙》(第三十五页)载:“乡贤祠,旧名四贤堂,在渡蚁桥北。宋元及今相继建立,以祀二宋二连公,宋张耒、汤起岩,元鲁中,本朝曾鼎皆有记。嘉靖十九年春知县王朝璲又增祀宋李庭芝,申允抚按,更名乡贤。”

图为三部明、清《应山县志》

《丘墓》(第三十六页)首列“连处士墓”、“连庠墓”。

《职官》(第三十七页)“知县事”,第一人就是应山连氏先人“连光裕”,名下有小字注曰:“庶、庠曾大父。”

《科第》(第四十四页)首列:“连庶,舜宾之子,宋庆历二年进士及第,见《人物》。

“连庠,庶之弟,见《人物》。”

翻开嘉靖志《人物》志(第四十九页),又是首列,前五人竟全是连氏人物,依次为:

“连舜宾,字辅之,举《毛诗》不中,遂归养其父正,不复仕。家多赀,悉散以赒乡里。而教其二子庶、庠以学,曰:‘此吾赀也。’岁饥,出谷万斛,减价以粜,近县民皆赖之。盗亦感化,不敢犯。及卒,无远近往哭之。舜宾孝友恭俭礼让温仁,行之以躬,不言而信。欧阳修表其墓,见后。

“连庶,《宋史本传》:字君锡(《宋史》为居锡。作者注),安州应山人。举进士,调商水尉,寿春(今安徽寿县)令。兴学,尊礼秀民，以劝其俗；开濒淮田千顷，县大治。淮南王旧垒在山间，会大水，州守议取其甓为城。庶曰：‘弓矢舞衣传百世，藏于王府，非为必可用，盖以古之物传于今，尚有典刑也。’垒因是得存。以母老乞监陈州（今河南淮阳县）税，尝送客出北门，见日西风尘，而冠盖憧憧不已，慨然有感，即日求分司归。久之，翰林学士欧阳修、龙图阁直学士祖无择，言：‘庶，文学行义，宜在台阁。’以知昆山县，辞不行。累迁职方员外郎，卒。庶始与弟庠在乡里，时宋郊兄弟、欧阳修皆依之。及二宋贵达，不可其志，退居二十年，守道好修，非其人不交，非其义不取（《宋史》无“不取”二字。作者注），秋毫不可污也。庶既卒，后宋郊之孙羲年为应山令，缘邑人之意，作堂于法兴僧舍，绘二宋及庶、庠之像祀之。庠亦登科，敏于政事，号良吏，终都官郎中。

“连庠，字元礼，与兄庶齐名。庶清修孤洁，当官号‘连底清’；庠既清而肃，号‘连底冻’。又目为大连、小连。见墓志。

“连南夫，宋高宗时守濠州，古有东西二城，濠水二城间入淮。南夫始决濠水由城西径达于淮，筑二城合为一。累官广东转运使。金人归河南地，南夫贺表云：‘虞舜之十二州，昔皆吾有；商于之六百里，当念尔欺！’秦桧恶之。见《中都志》。

“连万夫，《宋史本传》：安州人，或曰南夫弟也，补将士郎。建炎四年，群贼犯应山，万夫率邑民数千保山寨，贼不能近。寇浪子者以兵至，围之三日，卒破之。贼知万夫勇敢有谋，欲留为用，万夫怒，厉声骂贼，遂为所害。赠右承务郎，官其家一人。”

打开嘉靖志“卷中”《艺文上·诗》，我们随意翻阅，可以发现其中保存了不少吟咏连氏先贤英雄事迹的诗词。

第四至五页，连续载有七首《咏四贤堂》；

第十六页，该志主编颜木赋《县境四咏》中，有《法兴寺》一首；

第十七页，有向孜《四贤堂和薛文清公韵》一首；

第十八页，有无名前人的《过连郎中墓下》。

这里摘录两首为证：

一首“闽人，本省参议”郑序《谒四贤堂》：

应山古侯国，四贤产名乡。虽云川岳秀，实际文运昌。
二宋冠科第，二连官省郎。后先树功业，千载流馨香。
自宋迄昭代，有祠山之阳。岁久或颓圮，风雨成凄凉。
先哲固宜祀，后人焉可忘。郡守浙之彦，一顾心傍徨。
倡属工力就，鼎新材孔良。门墙焕丹碧，吾道增辉光。
顾我省民俗，获登君子堂。睹德叹靡及，作诗匪成章。
仰瞻山苍苍，俯视水泱泱。眷被四贤泽，与之传无疆。

二首“邑人、知县”张宽《四贤堂和韩宪副韵》：

永阳古下郡，间世生英贤，文章夸二宋，节义尚两连。
连兮天下士，宋也榜中元。卓乎四君子，千载同流传。
事勋日月炳，道学江湖源。清风与高节，弥久而弥坚。
邑人景仰心，悠悠知几年。青山白云下，斯堂犹岿然。
堂前森万木，幽鸟鸣翩跹，曳裾称明时，文运正延绵。

翻开明《嘉靖应山县志》“卷下”，关于连氏先祖的文章更是连篇累牍。

《艺文下·文》（第一页）首列：“《连处士墓表》欧阳修”。“欧阳修”后小字注：“庐陵人，文忠公”。

欧阳修此文，记述了连舜宾生平事迹，从中可知连氏在应山源流详情：“其先闽人”、“自祖光裕尝为应山令，后为磁、郢二州推官，卒而反葬应山，遂家矣。”“其父政以疾废于家”。处士“生四子，曰：庶、庠、庸、膺”。

欧阳修文之后，又有王莘《连都官墓志》。此文将应山连氏源流更进一步上溯下延：“连氏世家上党，有讳总者徙居于闽”；

“总生光裕，尝为应山令，因家焉”；“光裕生正”；“正生舜宾”；舜宾子庶、庠、庸、膺；庠子仲熊、仲熙。

王莘文后，接着载有“集贤校理张耒《四贤堂记》”，“户部汤起岩《重修四贤堂记》”。第十七至二十页，又载有鲁中、曾鼎两篇《重修四贤堂记》。

向后翻阅至志末，还载有知县王朝璲署名的《乡贤祭文》和“湖广德安府随州应山县为重修《湖广通志》事嘉靖十八年五月十九日抄奉”的《申请名宦祠文》，其中记载不少关于连氏先祖在明代受到尊崇祭祠的盛况。请看《乡贤祠祭文》：

乡贤祠祭文春秋二祭　　王朝璲

维

嘉靖某年岁次某月某日，应山县知县某、典史某、儒学教谕某、训导某等敢昭告于

宋司空郑国公宋元献公

宋翰林学士宋景文公

宋职方员外郎连公

宋都官郎中连公

宋少保左丞相前制置两淮使兼参知政事李公　　于

惟群公文章操履美玉精金，节概勲犹泰山乔岳，或媲美联辉于

宋室隆盛之时，或独立孤芳于国事既去之后，人臣师表乡邑著龜，某等忝官

梓里忻慕休风，春雨既濡（秋露初瀼），谨伸常祭。尚飨

计开

猪壹只　羊壹只　兔壹只　笾豆伍卓。

从中可以看出，供奉有二连的乡贤祠，受到历代应山县衙的尊崇，每年春秋，知县都要亲率部属，前往祠堂举行祭祀仪式，已成定制。

以上是明《嘉靖应山县志》关于连氏家族的主要文献资料。至于清《康熙应山县志》和同治《应山县志》，除了与嘉靖志一致的记载以外，还有更深入的考证，更翔实的史料。

《康熙应山县志》卷三《循良传》第十二页载：“连光裕，世家上党，其祖连聪徙居于随，聪孙光裕为应山令，后为磁、郢二州司理。卒葬应山。”同治《应山县志》卷十一《名宦》第一页也作了完全相同的记载。与明嘉靖志相比，清两志更进一步的考证了连氏来鄂最早不是连光裕而是连总，更正了王莘《连都官墓志》中的一些误记。

王莘所撰墓志说：“连氏世家上党，有讳总者，徙居于闽，总生光裕，尝为应山令。”清代志说“聪徙居于随”，“聪孙光裕”，清志将连氏迁鄂时间提早两代。笔者认为，后者应当更可信：一是明志在前，清志在后，后人修志必然认真研读前志，如果后人没有充分的根据推翻前志的观点，后志不会轻易更改前志，清两志的编纂者肯定是在掌握了充足的依据以后，才作出如此判断。至今，我们从《随州志》“温庭筠传”中还可找出“聪徙居于随”的依据。二是连总为唐咸通九年（868 年）进士，曾任广西、四川副使。他的家乡福建闽县，是唐末统治者重点搜括盘剥的江南沿海地区，是阶级矛盾最尖锐社会稳定最恶化的地区，正是 859 年爆发在江南地区的裘甫起义，揭开了唐末农民大起义的序幕，878 年黄巢起义军进军江南一举攻陷福州。在这种情况下，离乡宦游的连总，“徙居于随”是可信的。三是据中央民族大学历史系副教授黄义军考古研究，湖北宋墓形制骤增，出现大量带有长江下游特色的船形墓、砖室石顶墓，说明唐末五代北宋时期，福建、浙江等地移民向湖北大量迁入。那么连总“徙居于随”也是符合历史实际的。四是据多处《连氏宗谱》记载：连总家族唐代历世宦居光州固始。光州固始位于豫南鄂北，与德安府随州应山县是一山（大别山）之隔，三关（九里关、武胜关、平靖关）相通。因此连总本人或先辈或后裔，因与随州、应山相邻相熟或其他原因，选择在应山定居是有可能的。

同时王莘所撰墓志存在三个疑点：第一点，“连氏世家上党，有讳总者徙居于闽”，此说与连氏宗谱记载，总祖父连谋自婺州入闽不符。第二点，“总生光裕”不合情理。连总为唐咸通九年进士，即868年，连光裕生于梁开平庚午年，即910年，如果他们是父子关系，这两个时间怎么可能相隔42年之久呢？只有康熙、同治县志“聪孙光裕”之说才能令人信服。第三点，宋代王莘所撰墓志结尾一诗，实则明代理学名臣薛瑄（曾任湖北副使）的《吊连庠冢》，可见该墓志有后人加工之处。

清两志关于四贤祠有新的记载：

同治志卷首《宋公渡蚁桥》绘图中有四贤祠图。

康熙志卷二《祀典·谢寺观祠庙》第三十七页载：“四贤祠，所以祠二宋、二连也。兵燹无存，仅一碑。康熙壬子知县周祐率典史姚廷玉捐赀重建。祠在县衙之西。”

同治志卷十四《祀典·乡庙附》第三十页亦载：“四贤祠，在渡蚁桥北，即古法兴寺。宋庠之孙羲年建，以祀二宋二连，张耒有记，载艺文志。康熙壬子年知县周祐率典史姚廷玉重建，有碑记。”

同治志卷三十四《营建碑文》第二页张耒《四贤堂记》结尾处记载更详，它清楚地说明了四贤堂由“集贤校理谯郡张耒记，高隐处士蕲春林敏功书并题额，宣和五年七月一日孙朝散郎权知南剑州军州事连端夫立石。”

清两志关于连氏人物的记载有补充，特别是关于连南夫的记载更丰富。

康熙志卷三第三十二页《乡贤》记载连氏人物有连庶、连庠、连南夫、连万夫、连端夫五人。与明嘉靖志相比，将连舜宾置于卷四第一页《封赠》和第二十三页《孝子》中，增列连端夫："旧志未详，其事张耒《四贤堂碑记》云：宣和五季孙朝散郎权知南剑州军事连端夫立石。"

关于连南夫的记载增加了新的史料："累官广东转运使，新兴饥，发仓赈之，全活万人。"

同治志卷二十五《乡贤》与康熙志《乡贤》相同，列举连氏人物五人，只是关于连南夫的史料收录更丰富。

清两志关于连氏人物古迹的题咏更多。同治志卷三十五《诗》第二十七页载有杨涟《四贤祠》。同治志卷三十五《诗》第二十一页载有连南夫《滴水岩》，其署名"宋转运史、连南夫、邑人"。

下面我们欣赏一下同治志所载连庠《和王洙岘山诗》。此诗又载于《湖北诗征传略》，名为《襄州守王侯复羊叔子祠》，又载于《全宋诗》，名为《重建羊侯祠和王原叔句》。王原叔，名王洙，宋庆历年间知襄州。庆历七年，为纪念西晋守襄阳名将羊祜，在岘山重建羊侯祠，邀范仲淹等当代名流集会庆贺，时任宜城县令的连庠应邀游祠集会，写下了这首七言古风长诗：

大江西来绕重城，犹如丛花匹练萦；
左山右阜若开避，曾是岘首当头横。
江湍冲山山不动，滔滔雪浪东南倾；
隤然巨势压汉境，万楚不得专雄名。
四时美景千百状，登临可以滤襟灵；
近麓采蓝秋水渌，幽岩团缬春葩明。
寒林萧疏四面合，夏木延袤长川青；
危巅碑垫龟螭蛰，阴崖桧老蛟龙形。
俯瞰洲岛相向背，风恬江面罗纹生；

鱼船数百集其下，瞥然来往一叶轻。
波底峥嵘沉翠影，槎头凫雁敛霜翎；
天然佳致信可尚，只是丹青写不成。
叔子当年乐山水，每来置酒空垆罂；
贤达胜士共爱此，谓此风景魁南荆。
荆人被化思不已，立祠山椒供祭牲；
尔来绵亘几千岁，瓦飞栋挠谁经营。
守臣罕肯著脚到，遂至占山属兼并；
非惮鸠工缮完葺，诚知仁政难继声。
帝眷襄阳曰重镇，宜从内阁择名卿；
明公之来百城悦，壶浆竹马相欢迎。
政成公休屡登览，山前车骑长晶莹；
素空寓目看不足，诗豪佚发输精诚。
乃教僚属复祠宇，敕从岭上新虚亭；
岁时游憩备觞咏，荆人爱之犹钜平。
羊公之政公之化，异时一致当同评；
两贤继美何以况，山之永兮水之清。

二、《宋史》及省府州志中的文献证据

除《应山县志》之外，宋史、省通志、府志、州志中关于连氏家族的文献资料亦不少，都以有力的证据证明了应山连氏文献的可靠性。

首先，我们看《德安府志》、《随州志》　历史上的广水多为德安府随州所辖，宋初开宝年间（968—975 年）应山县与其南部的吉阳县合并，隶属安州（后升为德安府，治所安陆），南宋嘉定年间（1208—1224 年）又隶属随州。如若应山出现重要人物事件，州、府志应该有所反映。

2007 年 11 月 12 日，笔者到孝感市史志办，在该办季旭东主

任和程琳章副主任的帮助下，找到了光绪十四年戊子镌《德安府志》。

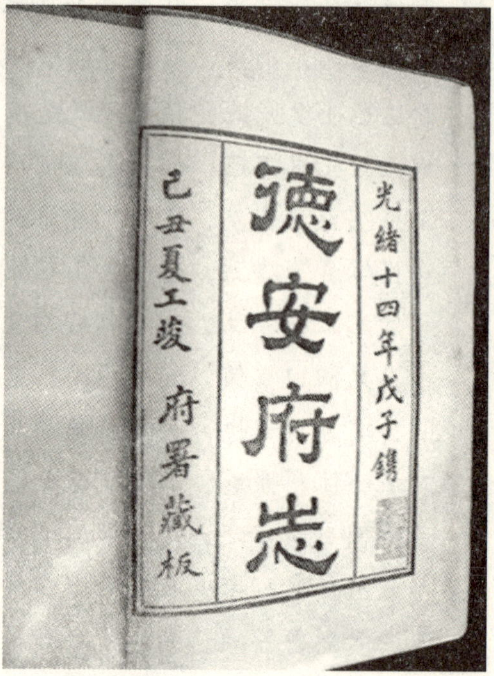

图为光绪十四年《德安府志》

该志卷之二《地理·中·山》第十四页记蔽山时，有关于连舜宾墓的记载，第二十四页记三钟山时，有关于连庠墓的记载；在卷之三《地理·下·金石》中有关于《连处士墓表碑》、《四贤堂记》的记载；在卷之三《地理·下·墓域》中有连舜宾墓、连庠墓及祭祀诗文记载；在卷之五《建置·下·祠祀》中有四贤祠的记载；在卷之七《学校·学宫》"名宦祠"中有连光裕的记载，在"乡贤祠"中有连庶、连庠的记载；在卷之十一《选举·上·进士》中有连庠、连庶的记载；在卷之十二《选举·下·封赠》中有连舜宾的记载；在卷之十三《人物一·仕迹》中有连庶、连庠、连南夫传；在卷之十五《人物三·忠勇》中有连万夫传；在卷之十六《人物四·义行》中有连舜宾传；在卷之十九

《艺文·书目》中有连南夫《宣和使金录》、《连宝学奏议》的记载。

这些记载与应山县志都互相印证。特别令人兴奋的是，古代德安府竟建有“慕连亭”。据府志卷之三《地理·下·古迹》记载：“慕连亭，府治北。今圮。宋淳熙丙申知府周颉慕连万夫兄弟建也。李松龄记，云梦尹胡达孝绘《郧城霜霁图》镌碑阴。亭久废，碑亦没。明嘉靖丙申修城，出其碑于沙土中。颜木有诗记之。(《安陆沈志》)。按：慕连亭，盖慕庶、庠兄弟建也。名宦周颉传已详载乃亭。注称连万夫兄弟，此志误也。查应山志，南夫、万夫、端夫，为庶、庠之孙，见四贤堂记。南夫政绩详见《宋史》高登传及忠义易青传。(《安陆志补正》)”

在《嘉靖应山县志·艺文》第十六页，有颜木的一首《县境四咏·法兴寺》，此诗后还附了大段说明，完全印证了《德安府志》的记载：

“连公富好礼，义方训厥子。
二宋及欧阳，皆其门塾士。
云何同讲道，出处不相似。
百年周德安，犹自慕连氏。

宋淳熙丙申岁，德安太守吴兴周颉，慕连氏父子之为人，作亭郡中。颜曰：慕连以见志，郡人李松龄为之记，且自于碑阴绘《霜霁图》而记之。诗不知何时没之土中，嘉靖丙申岁人始发出，则碑已断泐，而诗图独免，盖三百七十年矣。乡进士何迁表而出之，以墨本见贻，故句中及之。因附周诗于此：五载崎岖蜀道行，归来依旧守边城，若无事业供推择，聊为江山作主盟，好把丹青传画轴，要将凄惋助诗情，归装已辨他时计，与伴空舡载月明。”

从以上两处史料得知：德安太守周颉于宋孝宗淳熙丙申岁（1176 年），为纪念连舜宾父子在德安府建造了一座慕连亭，并赋一首七言诗，郡人李松龄撰记，云梦尹胡达孝绘《霜霁图》，镌刻于碑上。360 年后，明嘉靖丙申岁（1536 年）修城时发掘出石碑，安陆进士何迁又予以重修。由此可见应山连氏家族，不仅影响了应山县，而且影响了整个德安府。

那么连氏家族的影响在随州有无痕迹呢？2007 年 12 月 12 日，笔者在随州市档案局，查阅了清乾隆五十五年和同治八年的《随州志》。

图为乾隆《随州志》

以乾隆《随州志》为例，其卷十五《杂记》记载：“连光裕，世家上党，其祖聪徙居随，光裕为应山令，后为磁郢二州司理，卒葬应山。”卷十七《艺文上》还载有欧阳修一篇《答连职方》，是欧阳修写给连庶的一封信。

在乾隆《随州志》中，笔者看到了晚唐诗人温庭筠、宋代名人尹师鲁传，解开了我困惑已久的两个疑团：一是过去很多史籍在评介连总时，都有一句话“赋笔典丽，为温庭筠所称赏”。为什么温庭筠会称赏连总呢？根据该志卷十五《杂记》记载，原来，温庭筠曾长期客游江淮之间，还曾任过襄阳巡官、随县尉，所以对唐末徙居随州的连总及其作品熟知。这也从侧面证实了随州志、应山志中“聪徙居随”的真实性。

二是王莘《连都官墓志》中写道：“河南尹师鲁称之（连庠）曰‘良吏也，君子人也！’”为什么尹师鲁会如此称赞连庠呢？根据《随州志》卷二十八《侨寓》记载：“尹洙（字师鲁）贬监均州酒税，其后洙在随州而孙甫（尹师鲁部将。作者注）知安州”。原来尹师鲁也在随州生活过，过去随州城东还有尹公亭，所以他对随应名人连庠十分了解，对连庠会有这样权威的评价。

图为嘉庆《湖北通志》

其次，查看《湖北通志》，看省志有否关于应山连氏的记载？2007 年 11 月初，笔者先后到湖北省方志馆、湖北省图书馆查阅了有关文献。

在清嘉庆《湖北通志》、民国十年《湖北通志·金石志》

里，分别找到了欧阳修庆历八年撰《连处士墓表》和张耒撰《四贤堂记》全文，我将其作为珍贵的文献证据复印带回了广水。

张耒《四贤堂记》后有一个“案”，弥足珍贵，也是《应山县志》中所没有的记载，兹录于下：

“案：右碑连额高四尺九寸，宽二尺三寸，额题‘四贤堂记’四大字。正书文十六行，行三十二字，字径九分。正书接连文末句下：‘集贤校理谯郡张耒记，高隐处士蕲春林敬功书并题篆’云云。又一行低四格，题‘宣和五年七月一日孙朝散郎权知南剑州军州事连端夫立石’。又末行之下题‘乾明禅院住持传法沙门普提管句祠像并碑’十八字。四贤者，宋郊、宋祁、连庶、连庠也。按：《宋史·列传》：宋庠，字公序，安州安陆人，后徙开封之雍丘，初名郊。弟祁，字子京，与兄庠同举进士。时礼部奏祁第一，庠第三。章献太后不欲以弟先兄，乃擢庠第一而置祁第十。人呼曰‘二宋’，今碑仍称初名曰郊。又按：《隐逸传》：连庶，安州应山人，始与弟庠在乡里，时宋郊兄弟、欧阳修皆依之。庶既死，宋郊之孙义年为应山令，缘邑人之意，作堂于法兴僧舍，绘二宋及庶庠之像祠事之。庠亦登科，敏于政事，号良吏，终都官郎中。俱与史合。碑称宋景文之孙羲年，‘羲’史作‘义’，当以碑为正。法兴寺久废。(《湖北金石诗注》)。

“碑今在应山县学。林敏功，字子仁，蕲春人，政和中，赐号高隐处士，有诗名，在江西诗派中。得此碑，又可知其善书也。《书录解题》有宝文学士连南夫奏议二卷，周益公《平园集》以为处士第三子之孙。《宋史》《忠义传》有‘连万夫，或曰连南夫弟也’。连端夫于他书无所见，岂皆连氏之诸孙与？(《金石存佚考》按：《马氏金石诗注》误林敏功为‘敬功’。《寰宇访碑录》同)”

在民国十年商务印书馆影印的《湖北通志》中，笔者还发现了不少关于应山连氏的记载：

卷十七《舆地志十七 · 古迹三》记载："四贤堂：在县西南。（《清一统志》）。连舜宾有隐德，二子庶、庠从学于二宋，相继登第，世谓'人才二宋'，'盛德二连'。张文潜作《四贤堂记》。（《舆地纪胜》）。详《金石》。"又载："宋连舜宾墓在县南，连庠墓在县西五里。（《清一统志》）"

卷一百十《职官志四 · 职官表四》有连光裕任应山知县的记载，相隔不远有关于连庠的记载："连庠，光裕孙（应为曾孙。作者注），庆历二年进士，宜城令。见《宋史》连庶传及羊太传，祠石幢。"

卷一百二十三《人物志一 · 选举表一 · 选士、乡贡》载：连庠，"以上四人，（庆历）二年壬午杨寘榜"。连庶，"以上二人，（庆历）六年丙戌贾黯榜"。连南夫，"以上二人，（大观政和）二年壬辰莫俦榜"，将他们同科进士、状元都记载明白了，比应山县志记载更清楚。

卷一百三十四《人物志十二 · 列传二》中载有连庶传，连南夫传。

卷一百五十四《人物志三十二 · 隐逸传》中载有连舜宾传。

值得一提的是关于连南夫的记载比府、县志更详，基本上形成一个完整的人物小传："连南夫，字鹏举，应山人。政和二年进士，授颍州司理参军，迁校书郎。宣和五年，假太常少卿为金接伴使。六年，使金贺正旦。还，言：和议不可保，边兵不可恃，童贯以厚币易云中，刘延庆以十万众败走，而以捷告。请斩二人以谢天下。七年，由中书舍人出知庆源府，改濠州。靖康元年，讲和赦下，疏论敌情十患，愿因诸道兵未遣，急击之，时不能用。建炎登极，疏请幸关中，书捍御策二十条。移书李纲，论用人权宜之法。三年，擢显谟阁学士，知建康府。寻改饶州，又移泉州。时群盗充斥，在泉二年，剿抚具有条理，抚彫瘵，振贫弱，民感其惠。六年，改广州。八年，乞祠提举江州太平观。以不附和议，秦桧大恶之。坐帅广州时，释杜岩，遂夺职。绍兴十三年卒。(《书录解题》、《宋诗纪事》、《德安府志》)”

过去盛传湖北省图书馆藏有连南夫著作《宣和使金录》、《连宝学奏议》。笔者在湖北省图书馆经多方查找，并未查出。只有在清《嘉庆湖北通志》卷八十二《艺文三·史部》杂史类中查知了二著有关内容的大致记载：“《宣和使金录》一卷：太常少卿安陆连南夫，鹏举，吊祭阿固达，奉使所记。时宣和六年。(《书录解题》)”

“《连宝学奏议》二卷，佚。宝文阁学士安陆连南夫鹏举撰。绍兴初，饶州捍御有功，及和议成，南夫知泉州，上表略曰：不信亦信，其然岂然？又曰，昔虞舜之十二州，皆为吾有，然商于之六百里，常念尔欺！由是得罪。(《书录解题》)”

再次，在全国各地文化典籍和地方志中也可找到有关记载

据查：湘山樵夫著《绍兴正论》“录文武官不附和议及忤秦桧得罪者”30人，连南夫为其中之一；南宋徐梦莘著《三朝北盟会编》载：连南夫知濠州，“溃兵刘文舜扰濠州”；《宋会要辑稿》、《建炎以来系年要录》中有关于连南夫知广州时上奏市舶之弊的记载；《续资治通鉴》中有关于连南夫宣和年间使金的记录；《六一居士集》载有《连处士墓表》；《宋史翼》载有《连南夫传》。等等，不胜枚举。

查臧厉龢主编商务印书馆民国十年六月出版的《中国人名大辞典》，载有连舜宾、连庶、连庠、连南夫、连万夫，皆明确为应山人，其事迹皆与《应山县志》记载完全吻合。只是另有一人令笔者十分惊奇。文载：

“连·文凤。宋。三山人。字百正。号应山。宋亡。变姓名为罗公福。常与诸遗老结社吟诗。有百正集”。此人竟号“应山”，使人倍感蹊跷。细究之，查“三山”地名，原为福建福州市别称，因福州城内有九仙山、闽山、赵王山三山而得名。如此不禁令人推测：此人是否为湖北应山南迁的连氏后裔呢？从其生活年代宋末来看，离 1139 年南夫公流寓福建不过百年。从其政治背景“宋亡变姓名为罗公福”看，此人此姓肯定亲宋仇元，为新兴的蒙古政权所不容，否则，他为什么要改名换姓呢？又从南夫公次子连谷定居福州看，此人祖籍应山，很有可能是连南夫的后裔或近族。而从其号“应山”看，连氏南迁之后，一直怀念着北方应山的故园家乡。

连姓史迹犹如深藏于大海深处的珍珠，尚待探索者在浩如烟海的中国古代文化典籍中寻觅。

关于记载应山连氏的地方志，主要在连光裕、连庶、连庠、连南夫、连端夫等为官的地方，如果深入搜集，肯定有许多意想不到的收获。

查安徽《凤阳县志·文物古迹》“濠州古城”条目中载：“该城初为东西二城，中为濠水所隔，南宋初年连南夫作守，乃决濠水于城西，合二城为一”，其实，早在明代安徽凤阳所修《中都志》中，就有连南夫守濠州的记载。

福建《晋江县志·城池志》“罗城”条目中载：“南宋，绍兴二年，守连南夫重修”。

明《嘉靖延平府志·官师志》“宋南剑州知州事”中载：“谢皓、连端夫：并，宣和间任”。

更有难得的是，宋人吴曾著《能改斋词话》收录了一首《李右丞送连宝文罢守词》：

宝文阁学士连南夫，鹏举，罢守泉南，李右丞邴汉老送之以词，寄《玉蝴蝶》云：

壮岁分符方面，蕙风香偃，禾稼春融。稳步鳌宫，报政朝天归去。望尧冥，九重绛阙。颁汉诏，五色芝封。湛恩浓，锦衣槐里，重继三公。

雍容，临歧祖帐，绮罗环列，冠盖云丛。满城桃李，尽将芳意谢东风。柳烟轻，万条离恨，花露重，千点啼红。莫匆匆，且陪珠履，同醉金钟。

在南夫公溘然长逝之时，又有一位友人李弥逊，写了两首挽诗：

男儿死尔未应悲，可惜胸中尚有奇。
绝域英声宜早岁，楚庭高议补明时。
壮怀自感中流楫，旧爱今存砚首碑。
天独不能遗此老，盖棺两鬓未全丝。

弱冠论交老更坚，平生风义想前贤。
银峰告政一千里，雁塔联名四十年。
漫许赤心酬雨露，终成白发傲林泉。
酸风送子寒山暮，鸣壑摇松亦泫然。

李邴（1085－1146年），字汉老，山东济宁人，曾任尚书右丞、参知政事。李邴与连南夫是同龄人，又与连南夫一样宦寓并终老漳泉，其后裔定居泉州。因此，在连南夫罢守泉州时，同是天涯沦落人的李邴要写这首安慰劝勉之词。

李弥逊（1089－1153年），江苏吴县人，宋代诗人，他与连南夫同时于绍兴九年上书反对和议而遭贬。连南夫贬知泉州，李弥逊贬知漳州，第二年连南夫归隐漳州龙溪秀山，李弥逊归隐闽东连江西山。难怪在南夫公撒手人寰之时诗人会写出这样的挽诗。

这两首流传至今的诗词，也意外地成为连南夫宦居漳泉的佐证。

最后，查看《宋史》等，我们也会惊喜地发现，在这些国史中，也有关于应山连氏的记载。

我们先看《宋史》，在卷四百五十三《列传》第二百一十二《忠义》传中有连万夫传；在卷四百五十八《列传》第二百一十七《隐逸》传中有连庶传，记述了连庶在寿春尊礼秀民、开垦土地的事迹及退居乡里守道好修、不阿其志的高尚品德，也记载了翰林学士欧阳修、龙图阁直学士祖无择对其“文学行义、宜在台阁”的称赞之词，记载了宋羲年为二连二宋建四贤堂这一史实。与应山县志完全一致。

欧阳修为什么会称赞连庶？我们已经知道，他们是同窗好友。可是祖无择为什么对连庶也这么了解呢？原来他们是同榜进士。祖无择早年写过一首《赠商水连尉同年》，畅叙同年之谊：

场屋相知最有情，去年同试使同荣。
神仙史籍输梅福，典册文章滞马卿。
泣玉泪收休积恨，掷金词在蔼新声。
公卿好致归台阁，莫遣徒劳浩叹生。

令人费解的是，《宋史》中却没有连南夫传。但稍加留意，其中仍然有不少地方不时出现他的行踪，由此不禁让人推测，这部由元朝宰相脱脱主修的宋史原本有连南夫传，可能是后来定稿时因某种原因删除的。

查《宋史·帝王本纪》，不时发现连南夫的踪迹：《本纪》第二十二《徽宗四》载：“（宣和六年春正月）戊寅，遣连南夫吊祭金国”。《本纪》第二十五《高宗二》“（建炎三年六月）乙丑，以建康府路安抚使连南夫兼建康府、宣、徽、太平等州制置使。”

在其他人物传中，也常常提及连南夫：《宋史》对连万夫的称呼是这样的：“连万夫，德安人，或曰南夫弟。”《列传》第一百五十八高登传记载：“归至广，会新兴大饥，帅连南夫檄发廪振济，复为糜于野以食之，愿贷者听，所全活万计。”王德传中关于打败叛贼刘文舜的饶州之战，也是与连南夫相关的。《列传》第二百八《忠义四》易青传中也写到连南夫：“绍兴六年十月，经略使连南夫与摧锋军统制韩京会于惠州，督诸兵讨之。京募敢死士七十三人夜劫衮营，青在行中……”在《列传》第二百三十二《奸臣三》秦桧传中还提到连南夫：“（1139 年）徐俯守上饶，连南夫帅广东，岳飞宣抚淮西，皆因贺表寓讽。俯曰：‘祸福倚伏，情伪多端。’南夫曰：‘不信亦信，其然岂然？虽虞舜之十二州，皆归王化，然商于之六百里，当念尔欺！’飞曰：‘救暂急而解倒悬，犹之可也；欲长虑而尊中国，岂其然乎？’”

另外《宋史》卷一百八十五《食货志·食货下七·香附》载：“绍兴六年（1136 年）知泉州，连南夫奏请，诸市舶纲首能招诱舶舟，抽解物质，累价五万贯、十万贯者，补官有差。大食（今阿拉伯。作者注）蕃客啰辛贩乳香，直三十万缗；纲首蔡景芳招诱舶货，收息钱九十八万缗，各补承信郎。”

再看《四库全书》、《永乐大典》等典籍，也不乏关于连氏的记载。

《四库全书》收录了南宋词人、吏部尚书韩元吉所著《南涧甲乙稿》，其中有一篇《连公墓碑》，全文约3200字，是迄今为止发现的一篇最完整地记载连南夫生平事迹的珍贵史料。碑文在记述南夫公生平事迹之后，在文末又记述了其家世、家眷和葬所：

呜呼！公盖应处士之曾孙也。处士，德安人，讳舜宾，欧阳文忠公表其墓，所谓孝友温仁以教其乡者，赠至金紫光禄大夫。其第三子讳庸，公之祖也。考则讳仲涉，赠至通议大夫，妣杨氏、高氏，赠淑人。公字鹏举，年二十四进士，上舍释褐，授颍州司理参军。移鼎州教授，省罢，调澧阳尉。丁内艰，调襄邑主簿、虔州教授，未赴。除辟廱正礼制局检讨，补校御前文籍，遂为校书郎。徽宗一见奇之，仅愈年，擢之侍从。气正而言直，艰难变故，志在经纶。其言曰：《易》，穷则变，变则通。今之祸变，真变也，而通之，道寓焉。故始献议幸关中，继则议迁江陵。且谓，天子当留神武事以激昂将士。乞仿讲筵之制，置侍射、侍驭之官，以待诸将；选三等豪户仿六郡良家子，以充禁卫；乞先图李成，则盗贼可无患。然朝廷既诛六贼，凡除授有讨论之目，公则曰："何示天下以不广也？惟当共筹所以报金人而已。"又谓："可以用人死命无过爵赏。"而朝廷吝惜太甚，请忧立告、变赏格，而增重帅守之权。皆不顾众异，州县各阙官，而悉罢权摄，公则曰："议者不过为朝廷惜，请给之费，宜听其权，而监司察其私、严其缪，举同罪之罚则无废事矣。"及举"行赃吏杖脊朝堂"之令，公自信州条具言曰："选人七阶之俸，不越十千也。军兴，物价倍百，当先养其廉，稍增其俸，使足赡十口之家，然后复行赃吏旧制。"朝廷是之，增选人茶汤之给，天下称诵以为长者。在濠遇渊圣受禅，首乞下罢天宁节宴设。及建康初对行宫，即劝天子以汉高祖唐太宗之英武而行孝悌。又曰："宫阙少安矣，当思二圣在沙漠而未安也。于此朝群臣则问以迎二圣之策；于此见将士则问以回二圣之谋。”太上皇帝（指高宗赵构，时构已内禅。作者注）为之感动。盖公于论思靡不尽，而不为拘挛龌龊之论，才略纵横，仅见于诛锄寇盗、绥靖一方，曾未得究其所施，诚可哀者。其帅岭南，惧涉瘴疠，自誓不受俸给，以祈全家生还。及被赏、进官，力辞不肯受，朝廷不从，竟以回授其兄喆夫，而以俸给推与其兄妹及侄。自广而归，扶携仕族之不能归者数家。平生奏补，先其孤幼，轻财好施，家无余赀。绍兴十五年十一月十五日，葬于怀安县稷下里崇福山之原，而未克有铭。淳熙之十一年，其子雍来告，因考订其行事，叙而碑之。公官至中大夫，赠左正奉大夫。娶王氏，邻臣之女，赠淑人，先公卒。男三人：雍，朝奉郎，权发遣邵州；谷，承奉郎，监秀州华亭县袁步盐场；莹，承奉郎。女二人：长以疾废，次适将仕郎刘蘧；谷、莹与次女皆前卒。孙男二、孙女九。有奏议三十篇、文集二十卷。

三、闽浙台等地史料

2007 年 11 月，笔者与连备先生等一行四人赴闽浙，进行了一次千里追根寻亲之旅，获得了大量有关应山连氏的史料。

龙海是连南夫及其小儿子连莹（字宇芷）定居地。这是一个美丽的城市，九龙江的两大支流——东溪、西溪在闽西南的绵绵青山之间千回百转之后，在这里合二为一。《龙溪县志》说，九龙江因有九龙戏珠而得名，那么龙海市就是因九龙江而得名。龙海背靠青山，面临大海，东临厦门，北接漳州，是厦门与漳州之间的水陆交通中心。市内的石码港和月港，是九龙江去台湾和东南亚各地的航运起点，历来是对外开放的前沿。

龙海又是一个历史悠久的城市，南朝梁大同六年（540 年）建县，县城原在现漳州市政府所在地，隶属泉州。到了唐代，刺史陈元光建议朝廷在泉州和潮州之间设立漳州。漳州市现在有一条“元光路”，就是纪念从豫南固始率部入闽的“开漳圣王”陈元光的。1960 年龙溪将县城让给漳州，向东迁到九龙江畔的石码镇，与明代分出的海澄县重新合并，更名龙海县。滔滔九龙江，千百年来养育了两岸英雄儿女，演绎了无数美丽动人的故事。千百年来从这里漂洋过海走向台湾、走向世界的人物灿若星辰。成千上万的龙溪人越过海峡开发台湾，前赴后继，为台湾从蛮荒演进到文明，为抗御外敌保卫宝岛作出了不可磨灭的贡献。连横家族就是从龙溪马崎村走向台湾的无数同胞中的杰出代表。菲律宾前总统科拉松·阿基诺夫人也是龙溪角美镇鸿渐村许氏后裔。1988 年 4 月 14 日，阿基诺夫人来访，她高兴地站在村头说：“我是这个村庄的女儿。”龙海还是现代著名京剧《龙江颂》故事发生地。

图为龙海马崎连氏宗祠

马崎连氏宗祠坐落于榜山镇长洲行政村马崎自然村，就是国民党荣誉主席连战先生 2006 年回乡祭祖的“思成堂”。祠堂位于马崎村的中心，四周都是连氏族人的住宅。祠前有一个面积不小的广场，广场南边有一个戏台。马崎连氏宗祠两进两厢，是典型的江南传统建筑风格，飞檐翘角，琉璃盖瓦，彩绘砖墙，古朴雅致，庄重气派。远远望去，祠堂正门上书“连氏宗祠”四个大字，两旁悬挂一副楹联：

前起龙山伫看凌云在迩，后环珠水快睹万象连翩。

走进祠堂，庄严肃穆。堂上高悬“思成堂”匾额，正中香案上供奉着南夫公、佛保公牌位。两旁对联是连氏昭穆：

肇式昭宗德鸿其振有功，
徽声宣奕世长发永兴昌。

堂顶横梁上悬挂着几对大红灯笼，一对是“百子”、“百寿”灯，象征着连氏家族兴旺发达；一对是“兵部尚书”、“连府”灯，显示连氏始祖连南夫的出身爵位。

2006 年 4 月，连战夫妇携子女在龙海马崎岐山始祖佛保公墓前合影。

在祠堂内，我们看到了连战先生寻根之旅的大幅彩照，看到他的亲笔题字："明心见性，垂教后嗣，积善福世，上继祖德"。此时我们似乎又看到他在祖先灵位前按照马崎12道祭祖礼仪恭恭敬敬地献上叩拜大礼；我们似乎领悟了连战先生，作为300年来第一个从台湾回乡祭祖的马崎后裔的心情，领悟了他"青山一道同云雨，明月何曾是两乡"、"近乡情更怯，不敢问来人"的虔诚；我们似乎听到连战先生站在连氏宗祠大门前的台阶上，用亲切的闽南乡音深情呼唤："我在这里可以告慰连家的列祖列宗，爷爷呀，我回来了，我终于回来了！"

广水考察组采访马崎连氏宗亲会连宗和先生。他说："我们的祖先来自湖北应山。"

在马崎村，曾接待过连战先生的几位宗亲出面给我们介绍了情况，我们一起认真探讨了马崎连氏的源流和世系，探讨了应山——龙海——台湾连氏之间的关系。连宗和先生说："我们马崎连姓'系出连山氏，望出上党'，我们的始迁祖是连南夫，我们尊南夫公为连山始祖，尊佛保公为岐山始祖，我们的祠堂中供奉着这两位祖先。宋朝时，我先祖从应山迁居龙溪，始居连山，后迁海岛玉田山，明宣德年间迁到马崎村。明万历年间，族人在这里建立宗祠。连战家族是清康熙年间从马崎迁往台南的，与我们同出一脉。我和连战先生是同辈，都是连山二十七世、岐山十八世。”

其实，台湾连战家族对自己的家族源流记载甚详：

1945年6月4日，连震东先生撰写了《连雅堂先生家传》，当时“台湾收复在即，国人多欲明台湾历史”，商务印书馆打算重印连横遗著《台湾通史》，正在重庆中央训练团受训的连震东先生应邀撰写了家传，对其先祖从福建龙海迁往台南的历史，交代十分明确：“我始祖兴位公，生于永历三十有五年，越二载而明朔亡。少遭悯凶，长怀隐遁，遂去龙溪，远移鲲海，处于郑氏故垒之台南，迨先生已七世矣。守璞抱真，代有潜德，稽古读书，不应科试。盖犹有左衽之痛也。故自兴位公以至先祖父，皆遗命以明服殓。故国之思悠然远矣！”

连横外孙女林文月女士著《青山青史——连雅堂传》附有连横先生手迹插页《家乘》：

系出连山氏，望出上党，先世有居于福建省漳州府龙溪县万松关马崎社二十七都，至大清康熙间来台，居于台湾府城内宁南坊马兵营境。

来台始祖兴位公　　始祖妣翁氏

太高祖吉公　　太祖妣欧氏

高祖卿公　　高祖妣叶氏

曾祖齐全公　　曾祖妣程氏

祖父维桢公　　祖妣郑氏

父亲永昌公　　讳得政　行二　生于道光甲午年正月二十一日未时

母亲刘氏妙娘　　行一　生于道光戊申年四月二十二日寅时

此件旁有连震东先生手书曰："此系先父雅堂先生二十岁前后时之笔迹。连震东卅九年十月二十八日。"

另外，南京中国第二档案馆收藏有一份《连雅堂呈请恢复国籍文》。

这份"中华民国国务院内务部"档案，全宗号为1001，案卷号为1282，标题为：《寄居台湾侨民回国请恢复福建原籍兼改名有关文书》，列为"民治司第二科卷宗第一卷，丙户，第122号"。

这份呈文时间是民国三年1月31日，呈文曰："具呈人连雅堂，原籍福建龙溪县马崎社，现籍台中厅台中街，现寓北京南柳巷晋江邑馆。为呈请事，兹依中华民国国籍法第十八条及施行规则第六条所规定，呈请许可复籍，理合另具愿书及保证书，谨呈内务总长鉴核施行。"

同时所附《愿书》中写道："愿回复中华民国国籍，并遵守中华民国一切法律，理合出具愿书。"所附《保证书》，两位保证人是"北京南柳巷晋江邑馆李聪海、林少英。"

内务部在收到"连雅堂呈文"的第三天，即下达批文：

"原具呈人连雅堂，据呈已悉，所请回复福建龙溪县原籍，应即照准。除由本部注册并令行福建民政长转饬该县备案外，令将复籍执照填给，仰即来部呈领可也。此批。"

批文后署名加印章者为："内务部总长宋启铃，次长钱能训、司长于宝轩。"卷末附有"执照已领。连雅堂。"时间是2月10日。

紧接着2月11日，连雅堂呈请更名连横，具文及内务部同意"更正"批文及部令下达福建。据有关学者研究，连横之名有效法春秋齐国救国壮士田横之意。

连横为什么要复籍改名呢？稍稍了解一下当时历史背景，我们就可得知究竟。

连横复籍发生于1912年3月大陆壮游之时。台湾自1894年中日甲午战争之后割让给了日本，作为爱国历史学家的连横怎堪忍受祖国河山遭受外夷统治？1911 年 10 月 10 日，武昌起义爆发，辛亥革命兴起，连横从中看到了希望。1912 年 3 月，时年 35 岁，年轻气盛、风华正茂的连横告别妻儿，开始了三年的大陆壮游。在驶往祖国大陆的海轮上，他吟诵的一首《此行》，最能代表他此行目的：

饮马长城在此行，男儿端不为功名；
十年宿志偿非易，九世深仇报岂轻？
北望旌旗诛肃慎，南归俎豆祭延平；
中原尚有风云气，一上舵楼大海横。

诗中所言“十年宿志”、“九世深仇”是指驱逐日本统治光复台湾之“志”、连氏定居数世的台南故居被侵台日军毁于一旦之“仇”。吟诵此诗，便可知先生此行之志。所以 1914 年到达北京之后，连雅堂就立即办理其念念不忘的大事，恢复国籍祖籍，改雅堂之名为横。

这份档案，足以证明台湾连战家族祖籍为福建龙溪马崎社，更表明了连战家族世代爱国情怀。2005 年 4 月，胡锦涛总书记在北京人民大会堂亲手将连横先生申请恢复原籍的资料致赠连战先生。

在龙海，该市宗亲会会长连俊三、副会长连添福向我们详细介绍了其家族历史源流，倾诉了应山——龙溪连氏同根同祖的一脉亲情：

关于《连氏宗谱》，清乾隆年间续修过，主修人是岐山十世祖兴朝公，他与台湾马兵营始迁祖兴位公同辈。此谱共三部：第一部由长房文禄公后裔收藏，因其多外迁出洋谋生，族谱不知去向；第二部由次房文亮公后裔收藏，至文化大革命遭毁；第三部由三房文远公后裔收藏。1935 年左右三房族人曾推荐霞溪港连逢源前往台湾与台南连横家族对谱。后来此谱因收藏不当，为白蚁所毁。现谱为2006年新修。

关于龙溪连氏开基祖连南夫，老族谱有明确记载。虽然老族谱失传了，但流传至今的手抄资料、世代相传的口碑以及《漳州府志》、《龙溪县志》、《石码镇志》都有明确记载，还有墓碑、文物存在。连氏祖宗不容混淆、丝毫不容含糊。

图为新编《马崎连氏族谱》

关于龙溪连氏源流，新编《马崎连氏族谱》作了详细记载。宗谱第二部分《连氏迁闽源流》中写道：“李唐之世，有连谋自婺州（今浙江省金华县）迁闽，娶吴氏延陵，生子四，居连江；次子之子一名抱，一名总。”其后附有一幅《福建连氏播迁分支图（部分）》，此图从连总至连南夫的世系脉络与应山县志记载完全一致。第三部分《漳州连氏渊源》中详细记载了应山连氏发展及连南夫“谪居漳州，隐居郡东龙溪县秀山之麓”的过程，并明确写道：“连南夫的后裔称为‘连山氏’”。第四部分《马崎连氏渊源》中写道：“明万历年间，连姓族人在马崎社建‘岐山连氏宗祠’，尊奉连南夫为‘连山始祖’（因尚书峰连厝、玉田山连厝均未建祠奉祀），奉连佛保为‘崎山始祖’，同祠祭祀。”乾隆四十一年（1776年），重修宗祠时，族内为了区别“一祠两始祖”的名分，合族公议，将南夫公的“连山始祖”改为“霞漳鼻祖”，其墓道碑也走书京城，请礼部尚书漳州人蔡新撰写，从此，南夫公嫡传子孙皆改称“霞漳连氏”。康熙三十九年（1700年），南夫公第19世孙、佛保公第10世孙连兴位从马崎迁徙到台南马兵营定居，当时仍称漳郡郡东连氏子孙为“连山氏”，所以连横自称“系出连山氏”。

查光绪五年《龙溪县志》，卷之十一《古迹》第十八页记载："经略使连南夫墓在十一都"。卷之十七《人物传·流寓传》记录流寓人物11人："唐介、赵鼎、岳玭、连南夫、刘子州、向士璧、黄幹、文天祥、丰熙、李材、徐孚远"。在连南夫传中十分明白的写着："连南夫：应山人，累官经略安抚使，知广州。时金人归河南地，南夫表贺：有'虞舜十二州，昔皆吾有，商于六百里，当念尔欺'之语，为秦桧所恶。谪知泉州，寻隐于邑尚书峰之麓。后因名其所葬之地曰连山。"

图为光绪丁丑《漳州府志》

查光绪丁丑《漳州府志》，卷之二十八《人物一》高登传中提及连南夫的事迹；卷之三十一《人物四》连象传中又说到龙溪连氏祖籍："连象，字凯范，龙溪人。始祖曰南夫，宋绍兴间忤权相，避居郡东秀山之麓，因家焉……"（《马崎连氏族谱》还记载连象为连南夫13世孙）。卷之五十《纪遗下》中载有连南夫传。文中不但记载了他是应山人，隐居龙溪，还附记了他的5世孙连秀璇抗元事迹，考辨了他宝文阁学士之名："连南夫应山人。累官经略安抚使，知广州，时金人归河南地，南夫表贺：虞舜十二州，昔皆吾有，商于六百里，当念尔欺！为秦桧所恶。谪泉州，寻隐于龙溪尚书峰之麓，后因名其葬地曰连山。南夫五世孙秀璇，字康居，据家谱所载，与文信国天祥召募勤王，拒元兵于五坡岭，一族战死三十八人，而史不传，忠义英灵几于磨灭，可胜浩叹。按：尚书峰之麓，有连南夫墓，碑镌宝谟阁学士。谟字恐误。《文献通考》载：奏议二本，宝文学士连南夫著。考宝文阁，自治平间已置，而宝谟阁至嘉泰间用有此号。南夫之卒在绍兴年，似当以宝文为正也。”

根据文献记载：唐末连总由闽徙居于随。南宋时连南夫次子连谷（字宇芹）又回闽定居于祖籍地。

查《中国古今地名辞典》：闽县，本汉冶县地，后汉称侯官。随开皇十二年（592 年），由原丰县改名闽县，治所今福州市。五代闽龙启元年（933 年）改名长乐县，吴越时仍名闽县。1913 年与侯官县合并为闽侯县，治所仍在今福州市。1946 年闽侯县城区改为福州市，县治移往甘蔗镇。

查民国二十二年《闽侯县志》，卷三十五《选举·唐·进士》列有：“咸通九年，连总（闽县人）”；卷七十一《文苑（上）·闽县·唐》记载：“连总，字会川，咸通九年及第，赋笔典丽，为温庭筠所称赏。”卷八十《循吏二·宋》第一人就记载了：“连光裕，太宗朝知安州应山县，有功于民，后历磁、郢二州推官。其卒也，应山人追思惠政，迎柩以葬，子正因家焉。”

在应山连氏始迁祖的原籍，我们寻根考察组找到了两位先贤的完整记载，且与《应山县志》记载一致，真是一件令人无比欣慰的事。

另外在《闽侯县志》中，载有《中国人名大辞典》中见到的那个号“应山”的连文凤，进一步证实了笔者先前的一些推测。

该志卷四十七《艺文（上）·闽县》记载：“《百正集》：三卷，连文凤著，字百正，号应山，德祐以前亦尝从官。月泉吟社以《春日田园杂兴》为题，以罗公福为第一名，即文凤。”卷七十一《文苑（上）·闽县·宋》还载有其传。

连总在闽究竟居于何地？据连德森、连天雄二位先生在《中华连姓》2006年第二期撰文：福建连氏的初居地，当为福州市仓山区城门镇连坂村、连浦村。因为，这里有建于唐代中期至今保存完好的连坂桥。《福州连坂甘泉寺志》记载：“唐乾符戊戌年（878年），黄巢兵陷福州，甘泉寺兵燹，里人连总募资修复甘泉寺。”

连坂、连浦是连氏定居地，但现在连氏后裔却很少。这是为什么呢？

原来，南宋恭帝丙子年（1276年）二月，元军占领临安，俘掳恭帝赵㬎以后，少年益王赵昰从水路逃至闽江口，在连浦登岸。抗元英雄文天祥、陆秀夫拥立赵昰为帝，在连浦招兵买马，操练水陆各军，一时间，连浦成了全国的抗元中心。同年十月，元军分水陆两路围困福州，赵昰从连浦浮海南逃。1278年四月，陆秀夫等又拥立卫王赵昺为帝，当年十二月，在五坡岭战役中文天祥兵败被俘。第二年二月，经崖山海战，南宋全军覆没，陆秀夫负帝赵昺蹈海自尽。

在此间，连浦、连坂的连氏青壮年大都参加了文天祥的抗元水陆军队，为南宋王朝捐躯沙场、葬身海底。元军占领福州后，“连坂连浦等境是元兵重诛之地”（引自《福州连坂甘泉寺志》），连氏族人便成了元兵斩草除根的对象。为了躲避元兵杀戮，连氏族人有的从山路远遁他乡，有的乘船浮海栖身孤岛。

浙江乐清是连南夫长子连雍（字宇茹）的定居地。近 20 年来，当地连氏宗亲多次派人到湖北应山寻根问祖。乐清连氏是否出自湖北广水？乐清连氏与福州、龙海连氏是什么关系？

乐清是一座古老而年轻的滨海城市。东晋宁康二年（374 年）建县，始称乐成，五代梁开平二年（908 年）改名乐清，1993 年撤县建市。乐清背山面海，西北部为雁荡山，是国务院批准的首批国家重点风景旅游名胜区，号称“东南第一山”。东部面临东海之滨的乐清湾。乐清湾是国家重点养殖基地，拥有浅海 38 万亩，素有“海上牧场”之称。

图为乐清旧志

乐清市虹桥镇岀前村是连姓聚居地。当地连氏宗亲会会长连新飞介绍：

“岀前连氏先祖是连南夫，原籍湖北应山，南宋绍兴九年罢官，隐居福建龙溪连山，后携长子连雍定居乐清横山。早在改革开放之初，我族就派人到湖北应山寻根问祖。1997 年，我们还邀请广水宗亲来乐清参加了‘四省会族’活动。我们岀前先祖连雍与福州先祖连谷、龙海先祖连莹三公是亲兄弟，分别为长子、次子、幼子，三地世代都有往来。2006 年 4 月台湾连战先生回龙海祭祖时，我们岀前 17 位宗亲及山西上党 4 位宗亲应龙海宗亲邀请，参加了连战宗亲马崎祭祖盛典。岀前连氏宗谱已经编修 15 次，第一次是元朝元统甲戌年（1334 年），最后一次是 2001 年，千百年来世系不乱。我们的世系从连庶公算起至今已繁衍 37 代。岀前连姓共分 5 房，岀前村目前有 5 座宗祠。

在乐清连南夫墓前，连瑜先生接受应山考察组采访。

“整个岀前连氏宗亲达 2 万之众，遍布浙江、福建、台湾、江西 4 省 10 县。就岀前来说，溪西村现在人口 2158 人，基本上都是连氏宗亲，溪东村也大都是连姓，上仙垟村、下仙垟村现有人口 2000 余人，连姓占 80%。白龙山西南的龙潭村现有人口 1073 人，全部姓连。改革开放以来，我们连氏认祖归宗，敦姓睦族，定期开展 4 省 10 县会族活动，每年一小祭，3 年一大祭。2007 年春节，我们岀前连氏宗亲会还成立了‘连南夫教育基金会’，仅仅一天之内，就有 50 多名企业家响应，筹资 300 多万元。浙江天津经济促进会会长、‘温州市十大杰出在外创业青年’连良桂一人一次就捐资 30 万元。”

乐清的连南夫墓和福建龙海一样离现在连姓聚居地较远，位于蒲岐镇横山的南夫墓距岀前村有10多公里。原来，南夫公长子后裔定居乐清以后，与龙海一样，也是三易其居。

连瑜先生在《岀前古今》2005年5月11日创刊号上刊登的《连氏三迁》一文，详细记述了乐清连氏迁徙发展的过程：

“岀前连氏望出山西上党，脉自湖北应山，光裕公乃吾族之鼻祖，一世祖为宋天圣进士玄庶公。传五世南夫公登宋政和进士……被秦桧所排斥，愤而携眷出走，扶三子自闽徙温……长子宇茹公奉五世祖复从鹿城（温州）迁徙乐清横山，此乃一迁。”

横山古时为温州至台州驿道必经之地，其西首瑶嶴古城至今仍有“温台第一关”古迹，东首为乌石岭，过岭即是清江。再加上物产丰富，环境优美，横山确实是一块福地。在横山，宇茹公育二子，即岀前七世祖世瑜、居仁二公。世瑜公是个孝子，清道光《乐清县志·人物》有其传：“连世瑜与妻方氏事母，至孝。母没，刻木像事之。晨昏馈食，悉如生时。郡守张九成移书，王十朋诣视，得其实，白之郡，具酒礼之。世瑜卒，方率其子士表、士则供奉弥谨。淳熙中，郡上其事，诏旌其门。”传后还附有小字：“按：世瑜祖南夫，崇宁进士，提刑广东，后从官所，徙温迁乐。士表、士则后亦俱授官。”正如县志所记，至八世祖，士表、士则、士宪兄弟三人同中举人，有“三凤联芳”的美誉；至九世连氏门楣更显。宋德祐元年（1275年）九世祖如珪公携合族迁5公里之外的新市，即今虹桥镇，此乃二迁。

连氏在新市居住四代之后，于元末明初由十二世祖元恒公携族人转迁岀前，此乃三迁。此次迁移，缘于元末方国珍之乱。据《虹桥镇志》载：“元至正十年（1350年），台州方国珍率众起事，夺温、台、庆元（宁波）三路县城。至正十三年春，方国珍所属刘敬存部攻入新市，新市人连元恒聚族倾资募乡勇，在白龙山立寨对抗。”元恒公生有五子，道传、道丕、道钦、道模、道季，从此分宗列祖，派立五房。除第四房迁上虞定居以外，其余四房都在岀前。所以目前岀前有四个分祠，一个总祠。

岀前是一个美丽的村庄，背靠白龙山，面朝虹桥开阔地，发源于白龙山的鹤水环绕村头。白龙山是雁荡山的第二大奇峰，《白龙山志·序言》中称，“与雁峰对峙，延袤数十里，亦如大室之有小室”。白龙山像一座高大的屏障，为岀前遮风挡雨，庇护岀前人四季平安，风调雨顺；它又像一座美丽的画屏，矗立在鳞次栉比的现代化建筑之后，将岀前这个社会主义新农村建设试点村衬托得更加充满生机。连氏因白龙山而昌盛，白龙山因连氏而灵秀。十二世祖连元恒聚族在白龙山立寨对抗方国珍之乱，历经15年奋战，最终获胜，从此合族定居山下。如今白龙山主峰上还保存着连氏先祖创建的上宫。它由岀前连氏九世祖如琦公建造于宋咸淳年间，经历代修整，现有崇顶道观大殿三间，旁有惠明堂，为石室，石室之上是大罗宝殿，顺室内石级而上，登高远眺，无边景色，尽收眼底。上宫附近有连霄嶂、养云窠、听月峰、秋荷峰等，胜景迭出，历代墨客骚人前来白龙山游览，驻足上宫，题咏甚多。

《岀前连氏宗谱》首修时间是元朝1334年，主修人是十一世同祖公。宗谱尊连庶为一世祖，从庶公至五世南夫公至同祖公孙“道”字辈，共记载了十三世，世系脉络十分清楚，是非常珍贵的连氏文化历史文献。后来续修的《岀前连氏宗谱》各房分卷最前面，都有一段相同的“舜宾公后”“五服支图”，都记载了这1—13世先祖：

第一世　玄庶　别号底清。初与弟玄庠公从二宋游，学成，登宋天圣间进士。作令寿春，邑大治。寻以母老乞监陈州税，为就养地。欧阳文忠公荐之，迁职方员外郎。原居湖广德安府应山县。为吾乐成始迁所自出之高祖也。详厥世系。不忘水木，崇祀春秋，俎豆无缺。盖亦继述之首事也。夫配令狐氏。

宗谱明确记述连庶为应山县人，将连庶至连雍六代应山连氏系统载于族谱，尊为祖先。将其与《应山县志》记载对比，也有几点差异，值得探讨：一是称庶、庠为玄庶、玄庠，这是在《应山县志》、《宋史》等文献中没有见过的。但细想似有一定道理，连庠不是字“元礼”吗？“元”、“玄”字形相似，读音相近，是不是连庶字君锡，还有一字号“元×”呢？二是此处记载：“二连”登天圣进士，与史载登庆历进士有出入。

第二世　端贞　号湖广。淹贯经史，博雅能文。职方公作令寿春时，遗公于家，事母夫人令狐氏暨王母太夫人陈氏。备供甘旨，定省无缺，虽冬寒夏溽，未尝间委婢妾。且饶隐德，不以利禄荣心，其放情自高，有如此者。相传配郑氏，生子三。其递传至今者，悉公第三子子纯公之支流也。

第三世　子纯　号德安。性刚毅，有风范，不轻许可以为容悦也，然宽大涵盖，又未尝以峭刻招尤。其明哲保身，克昌厥后所自来也。

第四世　淑颖　号应山。裕才德，超然秀拔，笃念先犹，一以义方，树式谷表，承先裕后，厥功伙哉。

这些记载与应山县志记载不一。欧阳修《连处士墓表》载："处士生四子：庶、庠、庸、膺"。韩元吉《连公墓碑》载："其（连舜宾）第三子讳庸，公（连南夫）之祖也，考则讳仲涉"。仲涉，字淑颖，南夫之父，这一点是一致的。但该谱记载淑颖为庶之曾孙，与史载淑颖为庸之子，中间多出了两代。按岀前此说，从连总徙居于随，至连雍宦居乐清，连雍一脉在广水生活了十一代而不是九代。

乐清连氏首届宗谱修于元朝元统甲戌年，距雍公迁居乐清约180年，将连雍之后的人丁弄清是毫无疑问，而对南夫之前的应山先祖只能根据传说，有可能传说有误。但是谱中关于多出的两代人端贞、子纯的记载，有血有肉，似乎不像有错，此疑有待方家另加考证，这里不能妄断。

第五世　南夫　字一阳，登宋崇宁间进士，授广东提刑转运使，迁知建康府，寻尹泉州。时金南扰，山河阻隔，就官所居焉。及后携子自闽徙温，为乐成始祖。绵绵瓜瓞，衍宗支于勿替，功德之流播远矣。弟万夫同为淑颖公所出。配王氏，葬娄嶴凤凰山。"

第六世　记录了宇茹、宇芹、宇茝，与福建龙海记载竟然偶合。关于宇茹公是这样记载的："性情仁厚，好义乐施，家于横山，邻里被其泽者多矣。配李氏，坟厝娄嶴。"

第七世　记录了宇茹公之子世瑜。

第八世　"士"字派。记录了士表、士则公等6人。

第九世　"如"字派。记录了如珪、如珙公等12人。

第十世　"孙"字派。记录了同祖公父亲宲孙公等11人。

十一世　"祖"字派。记录了同祖公等8人。

十二世　"元"字派。记录了同祖公二子元隆、元恒等14人。

十三世　"道"字派。记录了32人。从此以后，该谱只记录了元恒公五子后裔。

2001年第15次重修本，总共25册120万字，共印7套：大宗二套，各房一套，另一套赠送乐清市图书馆收藏。

在25卷《岀前连氏宗谱》中，1－24卷是世系图，卷首是最有历史价值的。从卷首可获得大量证据，证明他们与应山、龙海、福州连氏同出一脉。

卷首首先是连氏先祖图像，先祖像之后是“行第”：

《岀前连氏宗谱》上的连南夫画像

玄端子淑，夫宇世士，如孙祖元，道伯文尹。

公承廷友庆，康登邦国清，毓秀嗣新正，振家启俊英，

明王传大德，继治有贤良，诗书能立志，经纶定乾坤，

仁义造福泽，流长由源深。

此行第从第六世“宇”字开始是统一的。行第之后，依次为新序文、大事记、徙居考。

“徙居考”共记载了49个聚居地，考证了每个聚居地的始迁祖、始迁时间、迁移原因，现有人口，重大事件，再次迁徙情况

等。在介绍众多聚居地之前有一段引言：

“吾连氏大宗始迁祖系南夫公。南夫公登宋政和二年进士，授广东提刑，寻尹泉州，后偕长子宇茹公自闽徙温，落户横山。九世如珪公转徙新市。至十二世元恒公再徙岂前。公生五子，始立五房。后昆繁昌，外迁地支派甚广。小宗皆自大宗出，岂前乃吾族各支脉之发祥地。今将各分支聚居地表述于后，示各小宗知本溯源，以展孝思，幸哉！”

“徙居考”之后有“先祖名贤仕宦”，前 4 人都是应山先贤——光裕公、舜宾公、玄庶公、南夫公。随后是宗祠记、坊表记、祖墓记、庙观记、新杂记。

卷首还载有一篇“重修连氏宗谱要点摘录”，明确地记载了乐清连氏出自湖北应山，现摘录其中两条如下：

“甲　列祖之住所　吾连氏一世祖玄庶公之父舜宾公，住湖广德安府应山县，至五世祖南夫公为泉州尹，避金人之乱，遂侨居官所，既而同子宇茹公，自闽徙温本邑横山，九世祖如珪公自横山迁新市，十二世祖元隆、元恒公，明洪武初被元季之乱自新市迁岂前。”

“丁　列祖之科第　一世祖玄庶公与弟玄庠公，同登宋天圣间进士。居官廉直，时有‘连底清’之号。尝为欧阳文忠所荐，且与宋郊、宋祁交游。时号‘二宋二连’。应山县建四贤堂于法兴寺。五世祖南夫公，登宋崇宁进士，授广东提刑，寻尹泉州……”

卷首最后载有历届序文 23 篇，历代重要文献 265 篇。现摘若干序文片断如下：

十一世同祖公在首届宗谱纂修序中说道：“族之有谱，所以明世系，序尊卑，联子姓也。我连氏五世祖偕子三人，自闽至温，仲、季二公讳宇芹、宇苉，分居鹿城、安固，大府君宇茹奉五世祖复从鹿城徙里之横山，家焉。”

五届宗谱序于清康熙乙巳阳月由二十一世金岳撰，文曰：

“连氏初，齐大夫连狄肇厥家声，春秋时称父继焉，逌擅以降迁徙无常。详诸有宋，原居湖广德安府应山县，讳舜宾公者，则又吾始祖玄庶公所自出。公偕弟玄庠公，登宋天圣甲科，公授职方员外郎，以廉著时，呼‘连底清’，玄庠公授宜城令，以严见惮，人呼‘连底冻’，与二宋号“四贤先生”，世传应山法兴寺有四贤堂焉。公生端贞，贞公生子纯，纯公生淑颖，颖公生南夫、万夫。南夫公登宋政和进士，累官广东提刑转运使，寻尹建康、泉州等府。时金南侵，侨居官所，厥后偕三子宇茹、宇芹、宇莒，公自闽徙温，则南夫公实我乐成横山始迁祖也。”

康熙乙未仲冬二十三世登桂在第六届宗谱序中说：

“吾连氏始祖玄庶公，登宋进士，居官以廉著时，有‘连底清’之号，尝为欧阳文忠所荐。而其弟庠更以严见惮，与宋家昆仲擅美一时，二连二宋像绘于应川，《四贤堂记》斑斑可考。五世南夫祖，缘金变，侨居于闽，既而徙温，家于乐成。六世宇茹祖居横山，好善乐施，用振家声。”

九届宗谱序作于清嘉庆二十年乙亥大吕月，花村廪膳生林丙庚撰：

“……谨按连氏谱，系出自宋天圣间进士，原居湖广德安府应山县，第五世一阳公讳南夫者，登宋崇宁进士，广东提刑转运使，迁知建康府，寻尹泉州，及后携长子宇茹公自闽徙温，为乐成始迁之祖。”

第十届宗谱序由包熙锟撰于清道光二十八年二月，文曰：“粤稽连氏先世发源，原居湖广德安府应山县，于宋天圣间作令寿春。五传有讳南夫公号一阳者，登宋崇宁进士，授广东提刑转运使，迁建康府，寻尹泉州，就官所居焉。后乃携子自闽来居乐成，遂家于横山，是为乐清之始祖。”

纵览闽浙三地连氏历史，史料大同小异，互相印证，互为因果。不管其族谱、地方志如何记载，不管南夫墓在何处，不管三子如何迁徙，但南夫公故乡在应山，罢官归隐于泉漳的史料都一致，南夫公有三子记载一致，长子宇茹居乐清、二子宇芹居福州、三子宇芷居龙溪的记载基本一致，关于其祖籍在应山的记载连篇累牍，高度一致，不谋而合，互相印证。

第三章　百代风流留胜迹

连氏家族在湖北广水留下了大量的文化遗迹，有祖墓，有碑匾，有纪念性建筑，有隐居地。这些珍贵的文化古迹历经千年风雨得以幸存，它是连氏文献资料的有力佐证，它是连氏家族辉煌历史的最好见证，它为广水秀丽的山川平添光彩。同时，令人欣慰的是，闽浙等地至今也遗存着有关应山连氏的文物古迹。

一、蔽山之麓的连舜宾墓

广水市南部本是开阔的平原，大片肥沃的良田，但是与安陆市交界之处，却有 3 座拔地而起的高山，自东往西一字排开，东为吉阳山，中为蔽山，西为寿山。3 座山，山山风景秀丽，山山都有美丽动人的故事。

连处士墓就坐落于蔽山之阳。此山为什么称蔽山？光绪戊子镌《德安府志》记载道出了其中原委：“（府治北）五十五里曰蔽山：半属安陆，半属应山。山如屏障遮蔽南北。应山志云：宋连舜宾墓在其东麓。”

连舜宾墓葬于宋庆历二年十一月四日，距今已有 965 年，因年久失修，欧阳修所书墓表遗失，墓园四周围墙倒塌，但墓冢尚在。墓冢高约 3 米，占地约 40 平方米，四周尚存宽 2 米余、长 200 多米的墓园墙基，皆为硕大坚硬的黑色花岗岩所砌，十分壮观。

环顾处士墓，背靠蔽山，面朝观音山，墓园前有一个村庄叫楼坊湾，湾前有一条长长的山冲叫辅弼冲，冲上有辅弼冲水库和爹山林场。这里青山绿水，风景如画。楼坊湾过去住着两户彭姓人家，读书重教，出过秀才举人。两户并排联建，四正四厅，前厅后室，中间一个天井。湾前并排两个大门，两边各开一个小门。因住房是楼房，可能还有牌坊，故称楼坊湾。至今从倒塌废弃的门窗中，还依稀可辨当年雕梁画栋的风采。辅弼冲从楼坊湾前向下延伸长达8华里，土地肥沃、平坦开阔，每年清明时节，满冲桃花盛开，菜花飘香，麦浪随风起伏，两边青山拥翠，一派明媚春光，令人陶醉。辅弼冲盛产西瓜，皮薄、瓤红、又大又甜，在市场上名声斐然。辅弼冲这个名字，叫得不同凡响，常令人称奇，笔者总觉得它一定与连处士墓有关，因为连舜宾字辅之。

广水市连氏文化建设领导小组组长吴超明（中）在连处士墓园调研。

关于连舜宾墓，四部《应山县志》都有记载。明《嘉靖应山县志》《丘墓》载：“连处士墓，在蔽山之阳，欧阳修撰墓表，见后。”

现将嘉靖志中欧阳修《连处士墓表》全文照录如下：

“连处士，应山人也。以一布衣终于家，而应山之人至今思之。其长老教其子弟所以孝友恭谨、礼让而温仁，必以处士为法，曰：‘为人如连公足矣！’其鳏寡孤独、凶荒饥馑之人皆曰：‘自连公亡，使吾无所告依，而生以为恨。’呜呼！处士居应山，非有政令恩威以亲其人，而能使人如此，此其所谓‘行之以躬、不言而信’者欤！

处士讳舜宾，字辅之，其先闽人，自其祖光裕尝为应山令，后为磁、郢二州推官，卒而反葬应山，遂家焉。处士少举‘毛诗’，一不中，而其父政以疾废于家，处士供养左右十余年，因不复仕进。父卒，家故多赀，悉散以赒乡里，而教其二子以学，曰：‘此吾赀也。’岁饥，出谷万斛以粜，而市谷之价卒不能增。及旁近县之民皆赖之。盗有窃其牛者，官为捕甚急，盗穷，以牛自归，处士为之愧谢曰：‘烦尔送牛。’厚遗以遣之。尝以事之信阳，遇盗于西关，左右告以处士，盗曰：‘此长者，不可犯也。’舍之而去。处士有弟，居云梦，往省之，得疾而卒。以其柩归应山，应山之人去县十里迎哭，争负其柩以还。过县市，市人皆哭，为之罢市三日，曰：‘当为连公行丧。’处士生四子，曰：庶、庠、庸、膺，其二子教以学者，后皆举进士及第。今庶为寿春令，庠为宜城令。处士以天圣八年十二月十四日卒，享年五十有九。庆历二年十一月四日葬于安陆蔽山之阳。自卒至今二十年。应山之长老识处士与其县人尝赖以为生者，往往尚皆在，其子弟后生闻处士之风尚未远。使更三、四世至于孙、曾，其所传闻有时而失，则惧应山之人不复能知处士之详也，乃表其墓以告于后人。八年闰正月一日。”

从欧阳修文中知道，连舜宾为侍奉有病的父亲连正，不出去做官，是个大孝子。他在父亲死后，把家里的钱财“悉散以赒乡里”，后来遇到灾荒，他又“出谷万斛以粜”，连邻县乡亲都赖以活命，是个大善人。连盗贼也很敬重他，说：“此长者，不可犯也。”死后，“市人皆哭，为之罢市三日”，是个大名人。

欧阳修为什么会为连舜宾撰写墓表呢？《嘉靖应山县志》记载，为我们揭开了这个谜团。

此志《流寓》篇记载：“欧阳修，庐陵人，幼居随州，尝游连处士家，与二连相友善，见王莘《连庠墓志》。”

此志《艺文》载颜木《法兴寺》诗云：“连公富好礼，义方训厥子；二宋及欧阳，皆其门塾士。云何同讲道，出处不相私？百年周德安，犹自慕连氏。”

原来，幼年欧阳修从随州游学到应山，曾住在连舜宾家，与他的两个儿子连庶、连庠是好朋友。当时，连庶、连庠及宋祁、宋庠皆师从连舜宾，欧阳修也依附门下，与连舜宾有师生之谊。

关于欧阳修、二宋与连家的交往，还有官居相位的宋庠的一首诗《春日会连舜宾别墅》可以证实：

枌榆乡社转春蹊，坐荫芳林日欲西。
触袖野花多自舞，避人幽鸟不成啼。

虽然我们不知道当时具体是哪些人春日相会，也不知道相会具体年代，但我们据此可以推测：在万物争荣的春天，宋庠等一帮同窗好友，相约相会于恩师连舜宾家中。连舜宾住的是别墅，附近有乡社、春蹊，路旁是野花触袖、幽鸟飞啼，宾主相会在这样的美好春天，诗情画意，流连忘返。

关于欧阳修与连家的交情，我们还可从乾隆《随州志》卷十七《艺文上》所载《答连职方》看出：该函短短246字，三次称连庶为“上党三哥”，读罢此文，充分感受到欧阳修与连氏父子的师生之情、同窗之谊，也再次证明了欧阳修幼居随州、游学应山，与连家、与二连二宋的一段友情，也透露出连家平时以“望出上党”自称的信息。

通过以上史料我们得知，欧阳修为连舜宾作墓表的基本原因：一是有师生之谊，二是敬重连公的为人。为了避免“其所传闻有时而失”，“应山之人不复能知处士之详”，在连公逝世20年、葬于蔽山之麓6年之后，欧阳公以其朝廷重臣之尊，以其文学家之笔，挥毫撰写了《连处士墓表》。

如今，可以告慰连氏家族和欧阳公的是：广水人没有忘记连公，连处士至今仍是广水市家喻户晓的人物，千百年来连处士的崇高精神品格一直对广水人民的心灵产生着巨大的影响。

二、三钟山下的连庠墓

三钟山，是一个古地名，明《嘉靖应山县志·丘墓》记载：“连庠墓，在三钟山下，夫人朱氏、李氏祔葬。王莘撰志。知县谈一凤、王尚用相继立石表之。”又据清同治《应山县志》卷五《山》载：“三钟山，距城五里，宋连庠墓在焉。《地舆广记》：应山三钟山，有三堆，如钟之垂，俗名团山。山有五色石，如龙自山上盘屈至于涧底。”

白雪青松掩映的三钟山

根据以上记载，三钟山即现在的城郊乡团山村中的“团山”。从应山城区向西走大邦公路，驱车5分钟或步行半小时即可到达。墓地背靠三钟山，面迎团山水库，风光优美。

2007年夏天，笔者曾多次到团山村调查走访，通过踏勘现场，走访耄老，调查历史，找到了旧志所载的连庠墓。

祖居团山南麓王家新湾的退休老校长王以浩介绍："团山古代叫三钟山，我王氏老族谱就是这样记载的。"他带着我们登上三钟山主峰，手指另外两座较低的山峰说："这三座山高耸而浑圆，你们看，像不像三口倒扣的钟呀？"他又指着山北三山相拥的山坳说："那是一块风水宝地，连公墓就在这山麓。"他又说："我们团山人祖辈传说，古时候从四川来了一位游方先生，他看出这是一块风水宝地，吟诵了一首诗，至今流传——三钟山下听钟音，听得钟音知真情，如若谁能得此地，子孙代代出公卿。"

山北孔雀湾村民王诗献介绍：团山北麓过去有古墓群，其中孔雀湾南边有大墓，听说是连都官墓。这里是一块风水宝地，为"木"字地。即孔雀湾北自古有一条大道通县城，相当于"木"字一横；与大道垂直，由北向南有一条长长的山岭，直伸三钟山下三山相拥的山坳，相当于"木"字一竖；此山岭两侧分别有数条山岗向两旁对称散开，相当于"木"字的撇和捺。连都官墓就在"木"之根部。连都官墓下有一座日月塘，大概是取塘堰清水映日月之意。日月塘下是山涧，三钟山上有五彩石，如彩龙自山上盘屈而下延伸至涧中。古时候通往墓地有一条大路，路上有一处风景叫"三步两道桥"，1955年兴建团山水库，水库大坝截断此条大路，三步两道桥现在水库大坝下水产公司养殖场内。

此墓有宋代著名藏书家、欧阳修弟子王莘撰写的《连都官墓志》，现将《嘉靖应山县志》所载全文转载如下：

"连氏世家上党，有讳总者，徙居于闽。总生光裕，尝为应山令，后为磁、郢二州推官。其卒也，反葬应山，因家焉。光裕生正，不仕。正生舜宾，有贤行，以处士终于家。欧阳文忠公表其墓，以谓'孝友恭谨礼让而温仁，乡人以为法者也'。以子恩累赠金紫光禄大夫、尚书、刑部侍郎。生四子，而伯仲皆力学，有名于时。公即其仲也，字元礼，其名庠。庆历二年及第，调随之光化尉，移襄之宜城令，改秘书丞，太常博士，职方员外郎，屯田、都官郎中。其在宜城也，县当南北之冲，调度供馈，颇劳于民。公撙节以礼，而上下便之。知深州饶阳县，举监定州便粜仓，粜有羡数则，例当受赏，公不自言，而让其寮段绎绎，因以徙官。夫世俗之交，平居燕笑，倾竭肺腑，及临毫发利害，则窥间伺隙，出力以争之，而公独廉于自退如此。知卬州依政县，未逾年，徙知茂州，州杂蠻蕃，喜以钞略为生，虽汉地者，亦不肯输税。公始以威服之，而卒怀以恩，讫公去，不敢扰边而负约。当是时，宋景文守成都，为作诗以美之。监西染院，丁其母永安县太君李氏，忧服除，赐绯衣银鱼。通判鼎州，州将武人也，政多倚公，乃兴学养士，择属吏以倡率之，而人皆悦从。盖鼎之有学，自公始。勾当在京，比排斥，以疾致仕。治平四年（1067年）六月二十日卒于京师，享年六十有二。公操履如其父，而洁廉方正，不随世俯仰，与其兄庶友爱尤笃，出处于田闾里闬之间，接人待物一以至诚，恂恂然惟恐不及。乡人既爱慕处士，而又见二公所为，则莫不心悦而诚服。其循良者劝，而嚣傲者革。是以应山之俗，多信厚而知廉耻者，皆其力也。议者谓二公之行，虽不可优劣，至于应变之才，则公特为长，故为吏所至，有能声，其去虽久，而民尤思之。当路者交章以荐，一时贤士大夫闻其名，而慕见其人，悦与之游而不厌。河南尹师鲁尝称之曰‘良吏也，君子人也！’欧阳六一以其言行比为芝兰金玉。二公皆名重天下，少所许可，而其所称如此。然公平居以义命自处，未尝侥幸以求进。宋元宪公暨其弟景文公，皆游於处士之门，而欧阳公交际尤密。及三公贵显，待公益厚，而公不以一毫干也。公文章尤长於诗，有集五卷，藏于家。始娶朱氏，生一男仲熊，忠信而好善，为开封雍丘尉。一女适进士李岘。再娶李氏，封仁和县君，后公十有八年卒。生一男仲熙，廉良谨饬，为成州同谷尉。

二女，长，适宣德郎宋乔年。次，适进士李仲舒。仲熊等以熙宁元年（1068年）十一月三日葬公于县西三钟山下，以夫人朱氏祔，既葬十有七年，得元丰八年（1085年）十月二十三日，复启圹祔葬夫人李氏。仲熊以状谒于汝阴王莘，曰：昔欧阳公欲表吾先君之墓，然文未成而薨矣，今不敢轻以委人，故有请于夫子，愿其哀怜而赐之文。莘为考公之事，得其所以行于己、施于家、而著于人者，岂非孔子所谓躬行君子者邪？惜乎！用不及其才，而见于世者，如是而已。古者乡先生殁，则配于社，而与祭焉。因又为诗一章，以遗应山之人。俾其如古之时，以公配社，而岁时歌此以祭云。歌曰：恂好善兮行以躬，完素履兮一初终。化邦乡兮革奸凶，出为政兮用其中。三钟山兮屹穹崇，与公德兮并其隆。岂独文兮耀幽宫，宜配社兮同勾龙。俾世世兮仿而从，里闾乐兮廉让风，刑罚措兮年屡丰，博哉利兮垂无穷。”

此文乃王莘应庠公之子仲熊之托而撰，详述了庠公生平事迹。文中记述庠公知茂州，“当是时，宋景文守成都”，这段经历，多少年后，“红杏尚书”宋祁还在《寄连元礼屯田员外》一诗中言及，表现了宋连二人深厚情谊：

忆共西州把酒巵，酒酣风味未全衰。
人惊李郭同舟日，句索羊何共和时。
省帐飘香君觐早，箧书腾谤我归迟。
他年会面须惊怅，瘦尽昆山玉树枝。

悠悠岁月，历历风雨，像无情的剪刀剪除人世间一切过眼云烟似的浮华，但剪不断人们对庠公这样品行高洁、勤政惠民的清官的思念。500年以后的明代，连公在人们的心目中地位依然崇高，明《嘉靖应山县志》艺文志中一首署名“前人”的《过连郎中墓下》一诗可以作证：

宋室孤坟五百年，钟山深处草芊芊。
最多惠政垂前史，剩有文风启后贤。
永夜月明华表鹤，枯枝烟噪夕阳蝉。
豺狐何事刨坏土，忍使英灵震九泉。

庠公孤坟在三钟山深处已静静地躺了近千年，千年风雨已使墓园面目全非。如今欣逢盛世，如再遇有识之士保护修缮，让"惠政垂前史"的庠公，再"文风启后贤"，将是连氏家族和广水人民的一大幸事，也使应山城区增添一处美景。

三、应山县城的四贤祠

在应山县城南门，羊角山下，渡蚁桥畔，过去有一座千年古建筑四贤祠。

"四贤"即"人才二宋"、"盛德二连"。"人才二宋"即"兄弟状元"宋庠、宋祁；"盛德二连"即"兄弟进士"连庶、连庠。"二连"是连舜宾的长子和次子，连光裕曾孙、连总六世孙，也是抗金英雄连南夫、连万夫祖父辈。

"四贤"是广水历史上富有传奇意义的巧合，宋庠（996－1066年）、宋祁（998－1061年）、连庶、连庠（1005－1067年）都是同时代人，都在应山县城南门法兴寺读书，都是连处士舜宾先生门生，还有从随州到应山游学的欧阳修（1007－1072年）也与他们一起同窗秉烛，后来五人先后考中进士，入朝为官。从而演绎了北宋应山"一师五进士"的动人故事。

四贤祠是广水人民为了纪念这四位德才兼备的贤人而建，也为广水人民世世代代树立了立身处世的榜样。它是广水人杰地灵的标志，也是广水"民秀而文，俗朴而俭"的标志。千百年来此祠历经风霜，但历代应山县府衙对其精心维护修缮，黎民百姓对其尊崇敬奉，他在广水人民的心目中是一座永远不倒的精神丰碑。

四贤祠究竟因何而建？何时何人所建？请看《嘉靖应山县志》《艺文志》载北宋诗人、“苏门四学士”之一的张耒所撰《四贤堂记》：

“治国有善政，不如在位有善人之化民速也；在位有善人，不如其乡有善人之化民易也。夫人心之所感动，常在其所易接而亲者。若夫政事者，固民之所畏则从之，盖有不得已之心焉，其及物浅矣。安陆之应山，楚之穷邑也，然其民好文多学者，其俗善良不争，纯静易治。其里之人为余言曰：始吾邑之人，未甚知学之利也，有宋氏兄弟者，讲学于吾邑法兴佛舍，其后两人皆取高第，有声名，久之，并为大官，名益尊显。故吾邑之人，其鄙不学自弃于夷者愧之。其居法兴时，有连氏兄弟者，与二宋公游且好也，其后亦登科仕于朝。两人起寒家仕不振，然视故同舍生，富贵光显可攀倚为声势，而两人亦坚自立，不少屈己附之，其官终不显。故吾邑之人，其不笃于廉耻侥幸贪利者愧之。凡吾邑之俗好学而文，纯静有耻者，四君子之化也！后五十年，宋景文之孙羲年令应山，以邑人之意，作祠堂于法兴方丈之西……”

文中表明建祠的意义十分明确，又从文中得知：此祠建于北宋徽宗大观年间（1107—1110 年），是宋祁之孙宋羲年担任应山县令时所建，二连之孙——朝散郎、南剑军州知事连端夫于宣和五年（1123 年）七月一日立碑。那么此祠距今已有 900 年了。

关于历代府衙对四贤祠的修缮，仅《嘉靖应山县志》就载有三篇《重修四贤堂记》：

第一篇是宋户部汤起岩所撰。文中说“岁庆元上章涒滩（即南宋宁宗赵扩庆元 1200 年。作者注）颛帝乘比月旅大吕元英将归，余日唯五有一力自应山来者，令君所遣人也。手把欧阳文忠公《连处士墓述》、张右史《四贤堂记》二碑轴，与书而三，书之言曰：本朝二宋二连公，皆应山一时人，旧祠在法兴寺僧舍西庑，右史所记仍在。然处势隘卑，像设亦寖漫漶不全。窃惧弗可处久，相地于寺之西南隅筑迁焉……”

第二篇是元人鲁中所撰。该文不完整，无法看出重修人和重修时间。

第三篇是明人本省副使曾鼎所撰，文中说：“正统五年（明英宗1440年）春，郡守范君理因过应山，读四贤碑文，睹其堂废之久，未有重修之者，乃喟然叹曰‘应山之为邑，以四贤之名见重。今堂毁弗葺，乡人无所瞻仰，而士子无所景慕，甚非所以激劝后人之意也。’乃率僚属暨应山之令佐相与购材鸠工，即其旧址而重建之……相其成者，同知武铎、通判张雄、推官雷艮、经历张孟升；董其事者，应山知县田顺，暨耆民王文质、吴溥；继而完葺之者，知县李志荣、典史赵景也。创以其年三月二十五日，完以正统八年二月二十五日。”

至于清康熙《应山县志》、同治《应山县志》关于修葺四贤祠的记载，不胜枚举，充分反映了四贤祠得到历代官府有识之士的重视。

四贤祠在广水、在湖北，在古代、在近代有多大影响？在历代应山老百姓、全国各地过往文人墨客、朝廷政要的心目中有多高地位？草草翻阅应山历代县志，看看其中大量关于四贤祠的诗文即可略知一二。

明鲁璠璵在《魏县尹去思碑》中说：“（应山）县有宋元宪公之善德，连徵君之善俗。故其民秀而文，其俗朴而俭。”此说证明了四贤对应山民风的重大影响。

明代应山名人杨涟诗曰：

载酒斯堂岂漫游，典刑不远得前修。
连名宦业惟清冻，渡蚁何心应状头。
山外三钟仍紫气，桥南一派拥寒流。
地灵尚似催人杰，未信芳踪两姓收。

"会稽人、本省副使"韩阳诗曰：

应山古名邑，有堂祠四贤。
四贤其谓谁？二宋偕二连。
小宋登甲科，大宋为状元。
当时蚁渡处，至今名尚传。
伯兄连底清，学行有本原。
仲弟连底冻，操履金石坚。
邑人重思慕，合祠余百年。
清晨谒祠下，生气犹凛然。
海桑还有变，陵谷亦有迁。
兹当百千载，享祀长绵绵。

"孝感人、副都御史"张瓒诗曰：

瓣香只谒四贤堂，堂下清风拂珮纕。
两宋声华齐北斗，二连名誉冠南荒。
百年史牒应增重，千载山川倍有光。
晚辈陈文惭菲薄，下风搔首挹余香。

监察御史牟道诗曰：

桥名渡蚁偶经过，景仰先贤感慨多。
当代文章推巨擘，至今才俊让高科。
断碑何处迷苍藓，古庙荒郊攒碧萝。
未奠椒浆空引去，临风回首重蹉跎。

四贤祠在全国连氏家族中的历史地位更是特别，根据《姓氏寻源》、《华夏姓氏源流通考》、《姓氏考略》、《郡望百家姓》等记载，连氏郡望为“上党”，堂号为“清冻堂”，也称“双贤堂”。很显然，连氏家族的堂号来自于应山四贤祠。

应山连氏在连氏宗族中的不同寻常的历史地位，也可从连氏宗祠的通用堂联中看出：

勋嘉葵戍，泽被乡邻

此对上联典指春秋时齐大夫连称，奉齐襄公之命，戍守齐国边境葵丘（今河南兰考），约定第二年瓜熟时派人替换。一年后襄公食言。齐襄公是一个昏庸无道、失去民心的暴君，连称带兵包围齐宫，支持管至父和公孙无知诛灭襄公，把逃亡在曹国的公子小白（即齐桓公）迎回齐国为君，成就了齐桓公春秋第一霸的霸业。下联典指应山人连舜宾将家中资产“悉散以赒乡里”，“岁饥，出谷万斛以粜”的义举。

居官卌载播惠广，教子二连留芳长

上联指明代御史连均，历仕四十年，财产未曾有增，人称其廉。下联即指连舜宾悉心教子的事迹，他轻财好施，视人才为财，培养二子庶、庠同中进士。

连陂存爱，赋笔见称
羽衣得道，丽赋著名

这两副对联的中的上联分别典指孝子连世瑜和羽化成仙的连久道，而下联都是指由闽徙居于随的连总“赋笔典丽，为温庭筠所称赏”。

四贤祠千百年繁荣不衰，直到1938年10月13日，日寇侵略广水时，飞机狂轰滥炸，四贤祠被毁。如今广水人都知道应山曾有四贤祠，应山城南门通往安陆（古德安府）的大道即称为四贤路，四贤路两边的上千户民居都标识着“四贤路”门牌号。

四贤祠的准确位置就在今天四贤路渡蚁桥处的十字路口。清同治《应山县志》中有四贤祠的绘画图：

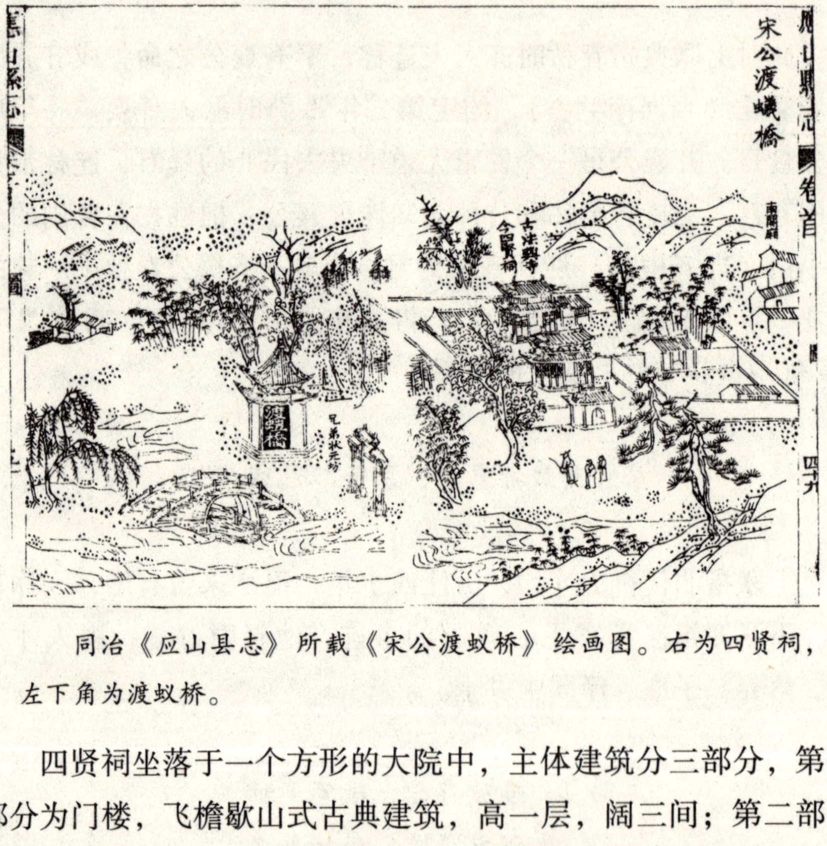

同治《应山县志》所载《宋公渡蚁桥》绘画图。右为四贤祠，左下角为渡蚁桥。

四贤祠坐落于一个方形的大院中，主体建筑分三部分，第一部分为门楼，飞檐歇山式古典建筑，高一层，阔三间；第二部分应是讲经堂，高二层，阔约六间，四周是立柱，门窗是镂空雕花，屋顶是小庑殿顶式古典建筑；第三部分应是祭祀堂，建筑风格与前两部分相同，高度更高，面阔约八间。该祠四周山环水绕，树木参天，附近有渡蚁桥、兄弟状元坊、南关庙等，共同组成了一副优美的山水画。

四贤祠建筑在宋代的渡蚁桥、唐代的法兴寺附近，选址是非常恰当的。法兴寺是“四贤”读书的地方，他们与老师连舜宾、学友欧阳修在此相聚。渡蚁桥是“四贤”休憩玩耍的地方。“二宋”的父亲做县令的县衙，离此不远（古代应山县衙位于城南今市公安局院内）。“二宋”在渡蚁桥留下了结草渡蚁的美丽传说。

四贤祠位于四贤路西侧，往西一条小路直通羊角山。渡蚁桥位于四贤路东侧，小桥流水绕印台山麓向东而去，这里环境优美，地势开阔，既有四贤路便利交通，又有高楼林立繁华喧闹的现代都市气象，既有渡蚁桥、四贤祠名胜古迹，又有印台山、羊角山这两座城中之山作依靠。广水市委市政府正筹划重修四贤祠，对四贤路进行开发建设，使这里的名胜古迹与目前的印台山公园、羊角山开发小区连成一体，届时应山城将成为更具文化魅力的美丽山城。

四、滴水岩与连南夫

滴水岩位于广水市北部的崇山峻岭中，从古至今久负盛名。据清《康熙应山县志》卷一《井泉》记载：“滴岩泉，石龙山内，岩高数丈，泉流飞泻瀑布，俗呼滴水岩。”

同治《应山县志》卷三十五《诗》第二十一页载有这样一首诗，署名“邑人、连南夫”，诗题《滴水岩》：

滴水岩高路欲穷，佩环声响玉玲珑。
一天星斗缀青汉，万斛珠玑泻碧空。
沧海径归朝夕会，曹溪不隔本源通。
何妨凝贮岩龛下，更沐如来灌顶功。

这是迄今为止我们发现的连南夫流传下来的唯一诗篇。由此我们产生这样的推测：爱国英雄连南夫曾游览家乡名胜滴水岩，留下这首咏景抒怀的悲壮诗篇。

这首诗在近代广水不为人知，但在粤闽等地广为传播，他们认为滴水岩在其境内。其实，在连南夫的故乡本有滴水岩，他的诗早已载于他家乡的县志。

2007 年夏，笔者前往滴水岩作了实地考察。

从应山城区向北，顺应山至宝林公路驱车 10 公里，即到达宝林寺，这是明太祖朱元璋敕封的皇庙——正觉寺。从宝林寺向北再步行约 5 华里才能到达滴水岩，滴水岩位于石龙山深处。

关于石龙山，旧志记载不少。清《康熙应山县志》山水志载："石龙山，在治北二十里，山石嵗魄，其势蜿蜒如龙。"明《嘉靖应山县志》载颜木《县境四咏》，第一首便是《石龙山》："群怨敛一身，天下皆莽敌。平林应新市，钟龙受其轹。赤符兆白水，真人膺宝历，后嗣非桓灵，炎祚至今历。"从此诗可以看出石龙山和那座安葬了连都官的三钟山，曾聚集过反对王莽的平林新市农民起义军哩！光绪《德安府志》也有关于石龙山的记载："石龙山，府东北一百一十里。山势崔巍，蜿蜒如龙，飞流泻瀑，俗呼滴岩泉。《后汉书》王常（绿林军起义领袖。作者注）传'劫略钟龙间'句下，注引盛弘之《荆州记》：'永阳县北有石龙山'，即此山。前有宝林寺。所产石斛如金钗。"

在向导的带领下，我们从宝林寺北的明寿王妃徐氏墓东侧开始步行向北，沿着老虎沟通往山里的一条机耕路前行。一路上，鸟语花香，空气新鲜，山间小溪潺潺流淌。大约 5 华里，我们到达一座名叫石板堰的小型水库，水库两边青山屹立，白云青山倒映水中，令人赏心悦目。沿库岸前行，我们见到一座石碑。此碑形制很特别，是六边形圆柱体，高约 1.5 米，直径约80厘米，上面依稀可见的文字是“住持无际和尚”。碑在水库边，在山坡上的墓冢前，还有造型精美的碑盖。向导说，滴水岩就在水库上游小溪的尽头。由于这里山高涧深，树木参天蔽日，小溪两旁藤蔓横生，行人无法通过，向导就带着我们从山谷西边的一条古老的人行道上行。向导说，这条小路是通往滴水岩村的，往西还有一条小路是通往小滴水岩村的。

图为滴水岩三叠飞泉之一

上行至山半腰，向导带着我们折身转向山涧深处。下至谷底，才真正见到滴水岩。原来这滴水岩，乃是高山峡谷中的飞泉。泉水从石缝里涌出，清澈透亮，终年不止，夏天寒透肌骨，冬天温暖如春。瀑布分三叠，全长约300米，其中第二叠最惊险，两边悬崖刀削斧劈一般，泉水从20多米高的悬崖上飞泻而下，飞珠溅玉，轰鸣作响。飞瀑后形成一个可供游人栖息的水帘洞。笔者静心体味，此情此景与南夫公诗境完全吻合，听泉水是“佩环声响玉玲珑”，看飞瀑是“一天星斗坠青汉，万斛珠玑泻碧空”。更令人叹服的是站在飞瀑之下的水帘洞，使人真真切切感到“何妨凝贮岩龛下，更沐如来灌顶功”的意境。大自然的景色与上千年前古人的诗境难道就是这样偶然巧合吗？我越来越觉得：《应山县志》所载连南夫所咏之“滴水岩”，就是这个滴水岩。

游览了滴水飞泉，我们回身上行，来到了滴水岩村。我仔细观察了这个古老的村落，所在很好，北靠青山，南迎松谷，山上淌下的山泉在村旁四季长流。村址是一块开阔的平地。村民房屋已经拆掉，但房基尚在，还有水井、石碾。村北三座青山屹立，从几十里外的县城也可看见这三个山头。中间的一座山最高，因有三个峰，所以俗称“三个包”。西边的一座山叫韭菜岩寨，《应山县志》有记载，是中华山99座古代军事山寨之一，山上至今保存着巍峨的寨墙和炮台。东边的一座山，山峰上巨石林立，异景纷呈，著名的凉床石就在这里：在一块横卧平坦的巨石正中，矗立着一块三层楼房般高大方正的巨石，因为形似古代大户人家的凉床，过往行人喜欢在上睡觉乘凉，所以叫凉床石。传说洪武帝朱元璋幼时在宝林寺作苦行僧时，曾在此石上纳凉，从此以后人们再卧凉床石，白天太阳不晒，夜晚蚊蝇不叮。

南夫公是否在此居住，史书没有记载，不可妄言，《滴水岩》一诗是否就是咏此滴水岩，也不重要，但若问南夫公是否游览过滴水岩，回答则是肯定的。

广水北部的名山众多，不论哪一座，生于斯长于斯的广水人都知道它热爱它，都令人陶醉抒怀！

广水北部的山，是大别山与桐柏山两大山脉交汇之山，群峰耸秀、雄关鼎立，自古为军事重地，商旅要途，名士荟萃之地。平靖关、武胜关、九里关为著名的“鄂北三关”，平靖关、武胜关还名列“中国九大名关”之中，自古多少惊心动魄的战争在此发生，多少叱咤风云的战将在此演绎英雄故事。广水北部的山，既是我国南北自然地理的分界线，也是古代政治地理的分界线，南北朝时期这里是南北疆界，连南夫所处的宋金对峙时期，这里是宋金挥戈策马的疆场。

如今，这里不少地方被开辟为风景旅游区。武胜关旁的鸡公山、黑龙潭、乐城寨，平靖关侧的三潭风景区早已开发，两关之间的中华山成为国家级森林公园。中华山向南延伸的9条山沟，与99座军事山寨正在或将要开发为风景旅游区。石龙山中的滴水岩和韭菜岩寨，也将成为保护开发的对象。

广水的山水，孕育了包括南夫公在内的众多磊落奇伟之士。《康熙应山县志》卷首《山水》云："邑之名山雄镇，领袖三楚，其降灵而生者，类多磊落奇伟之致。"同治《应山县志》卷三十二《艺文》《名臣奏疏》载："应邑峰峦峭削，草木劲挺，士生其间，往往无依阿滑脂之态，其致身通显者，率皆公忠端亮，见事风生，义形于色，以直谏显于时。"

可以说，连南夫不仅像"二连二宋"、郑獬、李庭芝、颜木、杨涟等众多应山名士一样熟悉、热爱应山之山，而且，应山之山造就了他忠勇率直的性格。应山山水不仅孕育了连公少年壮志情怀，而且影响他一生的为文、为官、为人。

为了弄清连南夫咏《滴水岩》的心境与背景，本章不妨简要回顾一下连南夫的身世生平。

连南夫生于北宋元丰八年（1085年），卒于南宋绍兴十三年（1143年）正月二十六日。政和二年（即宋徽宗1112年）进士，时年27岁。古人成婚年龄较现代人一般要早许多。如，与南夫公同时代的抗金名将岳飞，16岁时即在乡娶刘氏为妻，17岁生长子岳云，39岁被害于临安大理寺时，已儿孙满堂。由此我们可知，南夫27岁中进士离开家乡时，也应早已结婚生子，其子雍、谷、莹应在应山出生成长。南夫公享年58岁，在应山生活时间长达30年左右。应山的山水地理、风土人情对连南夫的影响是终生的。

南夫出仕后，首任颍州司理参军，不久调鼎州教授、澧阳尉、襄邑主簿，虔州教授，随后“除辟廱正礼制局检讨、补校御前文籍，遂为校书郎。”颍州即今安徽阜阳，在广水之东；澧阳即今湖南澧县，位于枝柳铁路上，紧邻湖北，在广水之南；北宋都城汴梁即今河南开封，在广水之北。这三地都离广水不远，往来迁徙途经广水，家乡的社会状况，家中的父母弟兄不能不让他关注。何况此间他有一次“丁内艰”的经历，在他担任澧阳尉之后廱正礼制局检讨之前，他的母亲（或祖母）逝世，按制应在家守孝三年，因而，韩元吉记载：“丁内艰，调襄邑主簿，虔州教授，未赴。”

宣和五年（1123 年），时年 38 岁的连南夫以太常少卿接伴使出使金国。宣和六年正月，金主阿骨打病逝，南夫又以“贺正旦使”兼“祭奠吊慰使”再次出使金国，冒着滴水成冰的严寒，从京城开封前往千里之外的长白山下的金国都城。两次出使金国，他都悉心体察国事，将路途见闻记录成了一本厚厚的书。归来后，他立即面奏徽宗：“刘延庆率十万众屡败，反以捷奏”，“此皆监军童贯赏罚不明所致”，“乞斩刘延庆以谢天下！”他大声疾呼：“敌有轻视中国心，不一二年将不遗余力而来矣！”他的这些奏疏皆收录于《宣和使金录》中。南夫奏章惊醒了徽宗，得到徽宗和后来的钦宗的信赖，但得罪了奸臣童贯。宣和七年，童贯与丞相蔡京勾结一气，设下借刀杀人之计，将时任中书舍人的连南夫排挤出京，派驻边城庆源府。南夫击鼓登殿，面陈钦宗，才改任濠州知州。

濠州，即今安徽凤阳，离广水老家并不遥远。在濠州，他整军备战，兴修水利，将古之穿城而过的濠水，改由城西入淮，使二城合二为一。这段事迹至今仍记载于《凤阳县志》和他故乡的《应山县志》。

就在连南夫濠州修城备战之时，他前一年刚刚警告过徽宗的事情发生了。宣和七年秋，金军大举攻宋，燕京守军望风而逃，金兵长驱直入，包围了京都开封。南夫不顾个人安危上书朝廷请求领兵解围，但被奸臣把持的朝廷一心讲和，拒绝援兵。不到一年，金人果然撕毁和约，卷土重来，攻陷开封，掳去徽、钦二宗及文臣武将3000多人，还有无数金银财宝。金军押着大队衣饰华丽、垂头丧气、哭哭啼啼的高级俘虏逶迤北去，成为历史上有名的“靖康之耻”。

连南夫痛心疾首，但他没有退缩，坚持治理濠州。宋高宗继位后，他献御敌之策20条，建议高宗移都关中以利抗金。南宋都城南迁偏安临安一隅后，他把濠州筑成铁壁铜墙，使濠州成为金人南犯的一个难以逾越的堡垒。

建炎三年（1129年）四月，连南夫被提升为显谟阁学士，知建康府（今南京市），后又知饶州、泉州。从宣和七年（1125年）至绍兴五年（1135年）十年间，南夫从濠州、建康，至饶州、泉州，御金敌，斗叛军，战海盗，屡建奇勋。他十年如一日，勤勤恳恳，忠心耿耿，虽然官书无载，但百姓为其建立生祠。

这期间，他既为国虑也为家忧。此时金军占领应山北方的河南，金军和宋朝的叛军、溃兵经常袭扰应山，叛臣刘豫建立伪齐政权后，不久便大举进攻应山。

建炎四年（1130年），南夫弟连万夫率领四乡青年组成数千义军，依托应山北部雄关险寨，高举“连”字义旗，奋力抵抗，取得大小十几次战斗胜利，斩、俘敌兵数千。南宋朝廷补授其“将仕郎”。

第二年即绍兴元年，金军和伪齐军联合进攻应山义军，连万夫在中华山据险抵抗。他英勇善战，指挥若定，杀敌无数。但敌军围攻三天三夜，致使山寨弹尽粮绝。万夫下令大队义军从山寨后的悬崖上缒绳攀藤而下，自己亲率几十名勇士掩护，与敌军血战到底，最终被俘。敌人早闻连万夫年轻有为，有勇有谋，一心劝降，连万夫大骂敌酋，然后大步走向悬崖，敌酋急忙下令将其杀害。德安太守陈规将事迹奏明朝廷，朝廷下旨嘉奖，《宋史》连万夫传记载："赠右承务郎，官其家一人。"

此时南夫正在饶州杀敌。史载：这一年冬南夫大病一场，卧床不起，朝廷安排他到临安府洞霄宫休养数月。为什么这么巧合呢？这难道与其家中噩耗、手足兄弟的死讯没有关系吗？

南宋绍兴五年（1135 年）五月，南夫公已年过半百，忽然接到朝廷任命，知广州。宣旨官刚走，忽又有一骑快马传来一道圣旨，连南夫前职之后又加上了"广南东路经略安抚使兼转运使"。

当时广东陆匪海盗，趁金军南侵之机猖獗至极，攻城掠县，杀人越货，此时的广东实际上处于半失控状态，新任官吏不敢上任。而朝廷欲将福建、广东作为最后退路。可见南夫此任是受朝廷重托。连南夫领命赴任，从泉州经漳州刚到广东地面，就见潮州揭阳县火光冲天，跑反的百姓把道路挤得水泄不通。连南夫一打听原来是刘宣叛匪在作乱。他掏出圣旨，坐镇揭阳，调兵遣将，一举全歼匪徒擒拿匪首，并下令将刘宣斩首，送到潮州、广州巡回示众。随后他继续赶路，走到惠州海丰县，听说釜甑山有个惯匪曾衮，占山为王已经 7 年之久，惠州孔目吏与他暗地私通。孔目是州衙高级官吏，竟然与匪盗私通。南夫连夜定计，把睡梦中的孔目逮捕治罪。并以孔目名义假传情报给曾衮，诱其出山，一网打尽。连南夫尚未到达广州，广州百姓即远道迎接，争睹他"三六头臂"的大帅风采。

他上任不到两年，率部转战陆、海，平定了 18 股匪帮。他发动农民兴修塘坝，栽桑养蚕，广东大治，连连受到朝廷嘉奖。韩元吉《连公墓碑》记载："番禺之人，立祠作碑，以纪其绩。"

就在连南夫平定海盗，劝课农桑，老百姓安居乐业之时，绍兴九年（1139）春，朝廷一道圣旨传到广东："连南夫着即革职"。

广东的官员百姓大惑不解。原来，在绍兴九年正月初五日宋高宗的春节贺词中，连南夫看到了"息宇内之干戈""不得诋斥大金"的屈膝投降的动向后，他忧愤至极，便不顾一切奋笔疾书，写成了数千字奏折。他在奏折一开头即一针见血指出："金人素行欺侮，比年以来，我国皆堕其术中。"他谆谆告诫高宗不要忘记靖康之辱，引经据典劝说高宗为国家社稷着想收复失地，一片耿耿忠心，一番忠勇直言。

可以说，此番上奏，连南夫是将个人安危置之度外的。果然，奏折一出，"秦桧大恶之"，秦桧之流马上给他找了一个释放叛臣杜充之子的茬子。他的一腔爱国热情，换来的是一纸无情的革职圣旨。

就在广东官员百姓为他愤愤不平、奔走呼号之时，连南夫悄悄地离去了。他早已将个人荣辱安危置之度外，心中只是念及无辜的妻子儿女及族人。早在赴粤上任之时，他就"自誓不受俸给，以祈全家生还。及被赏、进官，力辞不肯受，朝廷不从，竟以回授其兄喆夫，而以俸给推与其兄妹及姪。自广而归，扶携仕族之不能归者数家"。南夫公虽遭此大屈，但比起与他同时上书反对议和的徐府、李弥逊等一个个忠勇之士的悲伤结局，不算最为委屈；比起曾在南夫公家乡任过德安府制置使收复过随州、襄阳等六郡州的岳飞，被秦桧以"莫须有"罪名置于死地，还算幸运！

可是连南夫哪里去呢？此时他已54岁了，落叶归根，他一定首先想到的是回归故乡应山，那里有他的父母兄弟，有他热爱的山水。回到故乡的怀抱，在祖先墓前，纵情痛哭一场，一诉心中的抑郁不平，回到故乡的怀抱，在与世隔绝的滴水岩归隐，让冰凉的山泉浇灭他心中沸腾的怒火，让中华山的山风抚慰他受伤的心灵……

可是家山万里，关山阻隔，家乡美丽的山川沦于金兵铁蹄之下，他有家不能归！再说朝廷圣旨是将其贬知泉州。

不久，他携小儿子宇芷寻觅了一个和他的家乡应山一样美丽迷人的归宿漳州龙溪秀山。4年以后，他永远长眠在那片美丽的土地上，成为福建龙溪的连山始祖。

纵观南夫一生，力举北伐抗金，数度忠言直谏，几遭权相贬斥，屡建御敌平叛奇功，中原、北疆、南国四处流宦。他在家乡的滴水岩小憩，纵情山水，排遣忧愤，是有根据和背景的。他一生为官为文的个性就是典型的广水人风格，他的性格深深地打上了家乡人文的烙印。

五、闽、浙等地文物古迹

闽浙等地有关广水连氏的文物古迹甚多。在福建龙海马崎连氏宗祠正堂中，就有两件重要文物。

一是“翰林”古匾。这是清康熙年间装裱过的宋建炎三年旧物。这块翰林匾正是建炎三年四月，南夫擢显谟阁学士知建府时，朝廷所赐，是南夫公辗转携带到龙海的传家宝。二是南夫公墓道碑。笔者仔细打量了此碑，一人多高，约80厘米宽，足足有大拇指尖至中指尖“一卡”之厚。据马崎连氏宗亲会介绍，此碑原在榜山镇翠林村连山墓城，把它移到祠堂，费了好大气力，8个人才能抬得动。

此石碑如此之坚、如此之重，足见连氏贤裔对南夫公的敬重，足以表明后世子孙永保先祖之灵不容侵犯的决心。此碑双面铭文，正面大字，曰：

宋宝谟阁学士任广东经略安抚使谥忠肃连公墓道

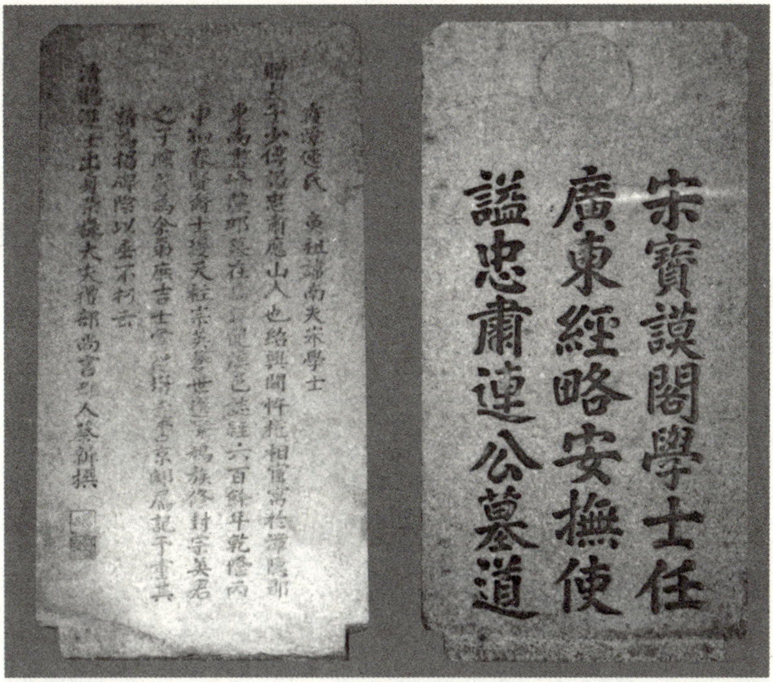

背面文曰：

霞漳连氏鼻祖讳南夫宋学士

赠太子少傅谥忠肃，应山人也。绍兴间忤权相，宦寓于漳，隐郡东尚书峰麓，邱墓在焉。详龙溪邑志。经六百余年，乾隆丙申孟春，贤裔士琼、天柱、宗英、苍、世选等，鸠族修封，宗英君之子胪声为余弟庶吉士云从婿，走书京邸属记。予重其请，为揭碑阴，以垂不朽云。

清赐进士出身荣禄大夫礼部尚书郡人蔡新撰

南夫墓位于榜山镇翠林村连山之麓，离目前连氏马崎聚居地约15公里。墓前是一片肥沃的良田，对面是秀山，挺拔而秀丽，因连南夫隐居于此，后称“尚书峰”。墓葬于龟山脚下，因连墓在此，后称“连山”。此山形似神龟，正对秀山方向有一凹陷之处，似龟咀，墓在龟咀处。

据宗亲会介绍，南夫公病逝后，漳州府上奏朝廷，朝廷命漳州府举行葬礼。安葬这一天，府兵将龟山戒严，棺材抬进事先凿好的山洞中，然后将墓道封闭了，所以后来谁也不知道墓室的具体位置。当地老人说，龟咀这个地方，过去有一片建筑叫“连城”。如今这昔日的辉煌已不复存在。清代礼部尚书蔡新撰写的《宋宝谟阁学士任广东经略安抚使谥忠肃连公墓道》碑，已移往马崎宗祠保存。代之而立的是2001年龙海市人民政府立的“重点文物保护单位”碑。碑文曰：

沉默的秀山无言地耸立在连山对面。只有当地人传颂的“尚书峰”之名，才提醒我们：这里曾是龙溪开基始祖连南夫的始居地。

连南夫，字鹏举（1085—1143年），湖北应山人，生于元丰八年，政和二年进士，历任司理参军、教授、主簿、府尉、后除雍正礼制局检讨，殿前文籍校书郎，公“更京秩，天子记其才气可用”；宣和五年两次出使金国，使归，迁秘书郎暨起居舍人；七年拜中书舍人；除右文殿修撰知濠州；靖康二年进徽猷阁待制；建炎三年擢显谟阁学士知建康府安抚使，加兵部尚书兼建康府、宣、徽、太平州广德军制置使；绍兴初年改知信州；四年移知泉州，诏以“忧国爱君”褒宠；六年进宝文阁学士知广州府，广东经略安抚使，兼广南东路转运使；九年，上书反对和议，力主抗战恢复奏事，适金人归还河南地，公又为表讽贺曰：“虽虞舜之十二州，昔皆吾有；然商于之六百里，当念尔欺。”秦桧大恶之，贬知泉州，旋复夺职，谪居漳州，寻隐于龙溪之秀山。绍兴十三年卒，享年五十八岁，谥忠肃，赠太子少傅，葬龟山，后人因其居地改称“尚书峰”，其葬地曰“连山”，南夫公的子孙后裔皆称连山氏。宋末，五世孙连秀璇与文信国召募勤王，抵抗元兵，转战江西、福建、广东等地，于五坡岭一役，全族战死三十八人，文天祥被俘，宋亡，举族隐遁于月港玉田；尚书峰麓连厝被元兵焚毁，连山连公墓、碑被破坏；现存墓道碑系清乾隆四十一年，文华殿大学士礼部尚书漳州蔡新重镌。

其次，福建闽侯有一座连坂桥和一座南夫墓。闽侯是应山连氏先祖连总的原籍，又是应山连氏连谷的流寓地。在福州市仓山区城门镇连坂村甘泉山下，至今有一座保存基本完好的“连坂桥”，长 15 米，宽 1.4 米，两条大石梁为桥面，石梁上阴刻楷书：“当境连满与妻林十六娘为所生父母造桥一所。愿家国平安，同沾利禄。上元辛亥岁八月三日造。”这是连氏在唐代中期定居福州的物证。

闽侯南夫墓的主要根据是南宋韩元吉所撰《连公墓碑》。碑文中说：“绍兴十五年十一月十五日，葬于怀安县稷下里崇福山之原，而未克有铭。淳熙之十一年，其子雍来告，因考订其行事，叙而碑之。”

福州市仓山区连坂村甘泉山下的唐代连坂桥

再次，浙江乐清连氏“一墓二坊五祠”。

乐清市文物馆在连南夫墓前竖立的文物保护标志

蒲岐镇娄嶴村凤凰山东麓的南夫墓，是连氏最初定居乐清的始迁地。据《岀前连氏宗谱》记载，众多先祖的墓葬都在此地。此墓封土较高，保存完好。右边是南夫公及元配王氏墓，左边是宇茹公及元配李氏墓。四墓并排而葬，形成一个整体。大墓正中树立一通高1.8米的墓碑，碑文出自《乐清县志》中连南夫传略。墓前方，还竖立着一块文物保护标志："宋古墓葬，文物保护，连南夫墓。2006年8月乐清市文物馆立。"

此外还有"二坊五祠"。"二坊"即孝善坊、攀龙坊；"五祠"即岀前连氏大宗祠和一二三五房宗祠。

孝善坊，是朝廷为表彰连世瑜的孝行而建的。连世瑜是南夫之孙，连雍（宇茹）之子，其孝敬之母即雍公之妻李氏。孝善坊作为物证，证明了南夫公之后定居乐清，后世子孙忠孝传家的历史。据《道光乐清县志》《规坊·坊表》，孝善坊最初于绍兴二十九年建于横山村口，连氏徙居虹桥以后，县令郑息堂又重建于虹桥镇。我们今天见到的孝善坊建于明弘治十五年（1502年），位于岀前村南的鹤水畔交通要道旁。孝善坊看上去是一个大门楼，由四根立柱撑起两重具有民族风格的殿顶，高足有10米，宽过5米。木质结构，雕龙刻凤，工艺高超，上有宋绍兴二十九年宋高宗所颁《诰勅》：

孝善公诰勅

奉

天承运，

皇帝制曰：朕惟一本之爱，不懈于人心，二人之怀，用昭夫明发，生既尽孝，殁宜致思，汝连世瑜躬行孝道，丕振纲常，悲切蓼莪，情深刻木，非独温清克勤于旦夕，抑且飨献勿懈于春秋，是丁阑不能专美于前，而大连少连再见于今也。太守轸念，特具奏闻汝之孝行，实可钦尚。先赐汝酒，寻加旌表。示

朕以孝治天下至意，汝其保护，令闻以厚风俗。

毋怠

诰　命

绍兴二十九年　日谕

之　宝

岊前一村共有五座连氏宗祠，和福建马崎连氏宗祠一样，建筑颇具传统风格，华丽气派，数间两进，中间一个天井院落。屋脊呈弧形，两端飞檐翘角，室内雕梁画柱，彩绘对联。五房祠内有一副对联：

本发枝旺继龙山鹤水胜地

子孝孙贤承四贤孝善遗风

很显然，此对上联“龙山鹤水”指现在连氏聚居地的两处代表性地名：“龙山”即为岊前村背靠的白龙山，“鹤水”就是指鹤峰之水；下联“四贤孝善”则是指连氏人文历史上两个有代表性的建筑：“四贤”即是湖北应山纪念“二连二宋”的四贤堂，“孝善”即指乐清纪念连世瑜的孝善坊。**应山四贤堂已经成为连氏发展史上的文化标志**。

连氏大宗坐落于岊前中溪，始建于明初，后历经四次重修。现有正殿五间，左右厢房各五，大堂奉有“显谟阁学士”、“政和进士”、“知勇有方”三块匾额。大门门额上书“连氏大宗”四个大字，大门两旁镌刻着一副醒目的对联：

应山衍脉源流远

鹤水潆洄世泽长

岊前连氏大宗祠堂及正门

总祠前竖立有一通石屏。据岀前《连氏宗谱》记载，此屏早在明正德年间由十八世祖承焙公捐资创建，2005 年秋重建。原为木质结构，现换成花岗岩材质。石屏中间镌刻着四个大字——继往开来。石屏右首为《继往开来篇》，文中写道："粤稽吾岀前连氏，望出山西上党，脉自湖北应山，一世祖玄庶公偕弟庠公宋庆历间相继登科，与名贤宋郊、宋祁号称'二宋二连'，应山邑人建四贤堂以记之。五世祖南夫公……自闽徙温，客家横山……"石屏左首《重建大宗祠屏记》写道："岀前连氏，源远流长，自五世祖南夫公偕长子由闽徙温，落户横山，历经数世，三易其地，最终卜居岀前……"

以上三地文物古迹中都有南夫墓，到底哪一处是真正的南夫墓呢？

比较三说，关于怀安说，查《中国历史地名辞典》，怀安县古有六处，但连南夫墓只可能是"北宋太平兴国七年（982 年）置，治所在今福州市西北"的闽侯县。查民国《闽侯县志·地理沿革·闽县》载："宋太平兴国七年，割敦业等九乡置怀安县。"那么，南宋怀安县即为现在的闽侯县，唐代连总生活时代的闽县。怀安县是南夫公二儿子连谷的落籍地，又是连氏迁应山之前的祖籍地，其葬怀安是可能的。再说韩元吉《连公墓碑》撰于淳熙十一年（1184 年），离南夫绍兴十五年（1145 年）安葬时，只有 39 年，又是"其子雍来告"，应该比较可靠。

关于乐清说。笔者现场考察过墓冢，与长子连雍墓连为一体，右为南夫公，左为雍公。其族谱有记载，乐清县文物馆立了文物保护碑。南夫公葬于大儿子定居地，也合乎情理。

关于龙海说。笔者也亲身拜谒过。连氏族人和当地群众都有广泛传说，古代《龙溪县志》、《漳州府志》，甚至《福建通志》、《宋史翼》及连氏宗谱都有明确记载。特别是清乾隆间漳州人、礼部尚书蔡新撰《宋宝谟阁学士任广东经略安抚使谥忠肃连公墓道》碑尚存。南夫公小儿子莹定居龙海，南夫公罢官归隐，寻求山野僻静之地，与不入朝为官生活安宁的小儿子居住在一起，应是最有可能的。所以龙海说理由更充分。

若认真比较三说，福州怀安说地方志书无记载，现在也无古迹，乐清说出现较晚，旧志无记载，所以龙海连南夫墓最有说服力。但是，我们必须看到：以上三说都有依据，也都合情理。古人墓葬多处也是常有之事。为防止破坏盗掘建衣冠冢，因后裔迁移建纪念冢都是有可能的。应该令人深思的是，为什么此三说恰恰出现在南夫公三个儿子的定居地？南夫公是应山人，应山有光裕公、舜宾公、庠公墓，就是没听说过有南夫公墓。应山连家岗老人一口说出自己是连万夫的后代，从来没有一人说是连南夫的后代。所以闽浙三处南夫墓总体来说是无可非议的。笔者认为，重要的不是南夫公墓葬何处，而是乐清、福州、龙海所记载的世系脉络互相衔接、文物互相印证，说明三地同出一脉，都是南夫公嫡传后裔。

最后，还有一文物古迹，特别值得一提。据《中华连姓》副主编连德森先生撰《顺昌发现宋代连氏名人墓》一文叙述：“（2007 年）6 月 30 日，骄阳似火。福建省顺昌县来布村村委会办公室里，30 多位来自闽北各县市和霞

大武夷新闻网上的新闻图片

浦、宁化、三明等地连氏宗亲欢聚一堂，我和福建省连氏委员会常务副会长连钧文从福州和龙岩赶赴来布，争睹这里刚刚发现的宋代始祖墓碑和编修于清乾隆37年的族谱。”

原来，来布村民发现了一块上面刻有“宋考连公荣十，妣游氏景娘墓，裔孙清立”的石碑。

顺昌县是福建省南平市下辖的一个县。南平市即宋代的南剑州，即《嘉靖应山县志》所载《四贤堂记》文末“宣和五年孙朝散郎权知南剑军州事连端夫立石”中的“南剑军州”。

连德森先生文中说：“连钧文从提包里掏出一本江西石城连氏族谱，其中记载：‘灿公，名朴素，字端夫，派荣十，庠公五子（据《连都官墓志》：端夫应为庠公之孙。作者注）。宋徽宗宣和辛丑（即宣和三年，公元1121年。作者注）以敌有功，官至显谟阁学士，知南剑州，卒葬顺昌，地名来富后龙山。妣游氏，生一子潜。’又载：‘潜公，宋绍兴己未进士，任绍州通判，丁艰，来南剑州守父丧，侨寓顺昌，后家焉。’”

这段文字令人豁然开朗：荣十是派名，端夫是字，荣十就是连端夫，所发现石碑，就是连端夫墓碑，原来如此。过去，连端夫在应山一直像一个谜，《康熙应山县志》为其立传，只是这样写道：“旧志未详，其事张耒《四贤堂碑》记云：宣和五年孙朝散郎权知南剑军州事连端夫立石”，其他一无所知。此碑的发现填补了历届《应山县志》的空白，连端夫墓碑的出土，再次从实物上印证了《应山县志》、《龙溪县志》等历史文献记载的可靠性：连南夫、连端夫原籍湖北应山，宦海沉浮，就官所而居。同时它还透露出连氏家族其他许多重要信息。

第四章　繁衍不息的连氏家族

连氏家族从唐末定居广水，历经千年风雨沧桑，如今状况如何呢？

一、广水连氏家族现状

据调查，如今定居于鄂北豫南地区的连姓人丁约两万人，皆以广水为中心，广水以李店乡连家岗为中心。

连氏发祥地——应山张杨店连家岗

连家岗位于广水市李店乡张杨店东1公里，应山经张杨到李店公路从村后经过。该村之所以称为连家岗，是因为此地坐落在四周低、中间高的一座平缓的山岗上。广水像这样的山岗较多，像这样称为某家岗的地方也较多。该村坐北朝南，对面有一座高高耸起、秀美宜人的山峦，名叫黄金寨。此山是一座古老的军事寨堡，据说，太平天国时期捻军就在此寨驻扎过。山下村前，有一条自西向东流淌的小河港。

连家岗是一个大村湾，由南头湾、中间湾、北头湾三个湾组成，共43户200多人。村里除了两户杂姓以外，其余都是连姓。

走进连家岗，见到连姓人，给人一种古道热肠、善良纯朴的感觉。提起连氏先祖，乡亲们能一口说出："我们是连万夫的后代，我们的祖先载入了《应山县志》。"问起族谱，他们说过去有老族谱，现在没有了。

在连氏宗亲会副会长连光彦家里，我们请来了连家岗辈分最长年龄最大的连氏宗亲会名誉会长连大浩老人。他1930年腊月二十五日出生。他说："我们连家岗有老族谱，一共四大本，原由我爹爹（即祖父）掌管。我爹爹名叫连海珊，开杉木行，在全村威信很高，是族长。当时连家岗逢年过节唱'花鼓戏'，连家闺女不准违规出门看戏，我爹爹说了就没人敢看。曾有一个年轻后生学坏，我爹爹说按族规要活埋，那青年吓得连夜外逃。我爹爹去世以后，族谱交给广水镇家中有读书人的连大成掌管，后来又传给连光兴保管。连光兴曾当过保长，有文化，抗日战争时日本人拆毁了连氏祠堂，1945年日本人投降以后，他发起重建了祠堂，所以族谱由他掌管。光兴公视宗谱如性命，他把宗谱的卷首与分卷分开保存，卷首单独存放在箱柜最底层，分卷合并装在木匣中，捆在床头床底下。'文化大革命'中，因连光兴有历史问题，被抄了家，《连氏宗谱》一起被抄，烧了。"

连光彦带着我们找到了宗祠旧址，位于连家岗中间湾与南头湾之间，门前有一口大水塘。连大浩告诉我们："我所见到的祠堂建于民国13年，日本人拆毁以后，1945年复建，'文化大革命'中又被拆了。"

问及祖墓，连姓族人都知道陈巷蔽山有一座祖先墓，是舜宾公墓。又听说连光裕墓在黄榜山，连庠墓在三钟山，但不知这些山在什么地方。而村后近代不少祖坟，在上世纪70年代农业学大寨改山造田时被挖平了。连大浩记得广水镇南小山口一个叫白果园的地方，有一座大墓，传说是连庶墓，占地上百平方米，高上十米。坟顶很平坦，绿草如茵，小孩在附近放牛，就在坟顶上弹玻璃球。传说，这座墓很灵，附近的村湾正月十五元宵节不能玩龙灯，锣鼓一响，门前塘的鱼就跳。1948年连大浩随长辈们一起祭扫过这座墓，1949年以后，他们就没去过。

根据《连氏宗谱》记载，连家岗连氏字派是：正大光明培世泽，礼乐诗书振家声。根据调查得知，这副对子目前依然广泛使用，广水各地都是统一的，连大浩是“大”字派，其父“正”字派，而其祖父连海珊，不属此副对子中字派，因此可以推断，此对联应为清末所定。

谈起连氏宗亲之间的联系，他们说，连家岗是我连姓祖居地，外迁的人很多，回来寻根问祖的人也很多。古时候很多，现代也不少。1990年浙江温州乐清族人到连家岗寻根，在市志办的陪同下，在连家岗住了好几天。不久，福建龙海族人也来了。1991年本省孝感市肖港镇族人也来了。他们为了修族谱，都到这里寻根。

经过调查，以连家岗为中心的连姓还有：

广水镇有连光美、连光富等10多户。广水镇西长冲河有一个连家湾，据该村连姓族人原芦兴中学校长连光霞先生介绍，他们是清代从连家岗迁出的。

应山城区有上10家。

杨寨镇京桥有一个连家湾。

骆店乡有一个连家大湾，该乡草店石家湾还有连培春等六户连姓人家，都是从连家岗迁出的。

平林镇有连光富等上10户连姓人家，是建国初从连家岗迁出的。

连舜宾之后如何迁徙分布？连万夫之后为何定居连家岗？这些问题，虽然我们一时无法弄清，但连氏自连总于唐末徙居于随，定居应山，至今1000多年，还有像连家岗这样的聚居地，还有像连舜宾、连庠这样的祖墓遗存，幸甚！广水连氏自古正直忠勇之士辈出，至今家风传承，后裔正直善良，安定和谐，幸甚！

二、以广水为中心的鄂豫连氏

广水市位居鄂豫要冲，北与河南信阳市为邻，南与湖北孝感市接壤，东连大悟县，西接随州市曾都区。自唐末“连总徙居于随”，其孙连光裕为应山令，千百年来，连氏家族一直繁衍生息在这片古老的热土上，如今以广水为中心向周边迁徙的鄂豫两地人口众多。

据广水市连氏宗亲会副会长连光彦介绍，与广水连氏一脉相承的鄂北豫南连氏主要有：

孝感市孝南区东西连寨约2000人。

武汉市黄陂区有147户1000多人。

著名的将军县红安、大悟各有连氏数百人。

安陆市（即宋代的德安府）陈店乡连棚村、何胡村、九冲村，李店镇松山村、方岗村，赵棚镇涂畈村都分布了连氏后裔。

云梦县有连舜宾弟连舜睦的后裔。

随州市曾都区漻潭镇及襄樊市枣阳市王城约有上千人。

在广水之北的河南省罗山县定远乡南洼、周党镇北洼约有100余户。

河南确山县任店镇大连庄、小连庄、杨连冲、李岗、武寨河、任店街等处有400百余户。

河南舞阳县姜店连寺村有300余户。

河南还有禹县、方城、太康等地均有千人聚居之地。

随州市曾都区淯潭镇西10公里的观音岩连家老湾有连氏40多家200多人。在宗亲连国银的家中，我们与他及其父亲连开财攀谈起来，连开财说："我们连家老湾过去没有族谱，也没有祠堂。听上辈人讲，我们的祖先原在应山，最先我们这一支人从应山迁至随州淅河，后来才迁到观音岩的。来时弟兄三个，我们的字派是'正大光明，开国成家'。现在字派已经用完了，正商量要与应山联合修谱呢！"

后来从观音岩外迁的连氏也很多，目前在随州枣阳两市交界的枣阳市王城有一支，曾都区何店镇刘庙村有一支，淯潭镇上还有不少连姓人家。

孝感连家寨位于107国道旁，汉江的支流、发源于广水的澴水从这里流过，所以这里古称澴川白云乡。这里地势平坦，土地肥沃，是江汉平原腹地，连氏人口在这里较集中。

我们首先来到了西连寨，它属于孝南区肖港镇共二村。刚到村头，听说是广水连家岗来人，村里的男男女女都围上来，广水连家岗连光芬宗亲跟他们按辈分一一打招呼。

一会儿，村党支部书记连爱国带着《连氏族谱》赶过来了。当晚，该宗亲会会长连国胜向我们介绍了东西连寨情况：

东连寨连姓248户、1139人，西连寨连姓146户、836人。东西连寨相距15华里，分别为仲芳、仲礼二公之后，兄弟二人一母所生，父什一公，母宋老孺人。什一公有佰一、仟一、万一兄弟多人。佰一公后裔最初也定居澴川白云乡，后来迁往黄陂长堰黄土洼。如今长堰大、小连湾及连岗、连垄都是其后人，共计147户1004人。仟一公年幼，由长兄抚养成人，后从军寓居河南，娶冯孺人。如今河南罗山、确山、舞阳等地连氏即为其后裔。1949年以前，河南连氏每年清明节骑骡马、携香纸供品南下湖北，到三连坟上坟。三连坟位于东连寨东湾，什一公葬此。至今，豫南连氏还记得祖辈传说：湖北孝感市三连坟是祖墓，每年清明节要回湖北扫墓。

在孝感连家寨，连姓老人谈应山孝感联谱之事

说到族谱，连国胜说："孝感澴川连氏宗谱已经五次续修。最初是清乾隆年间，由康庭公倡导，统一字派，建造家祠。第二次是清光绪元年，光信、德朴、德厚公倡修。第三次是光绪末年。第四次是1947年。我手中谱是1991年新谱。"

1992年孝感《连氏宗谱》及其中所载的《鄂豫连氏分布图》

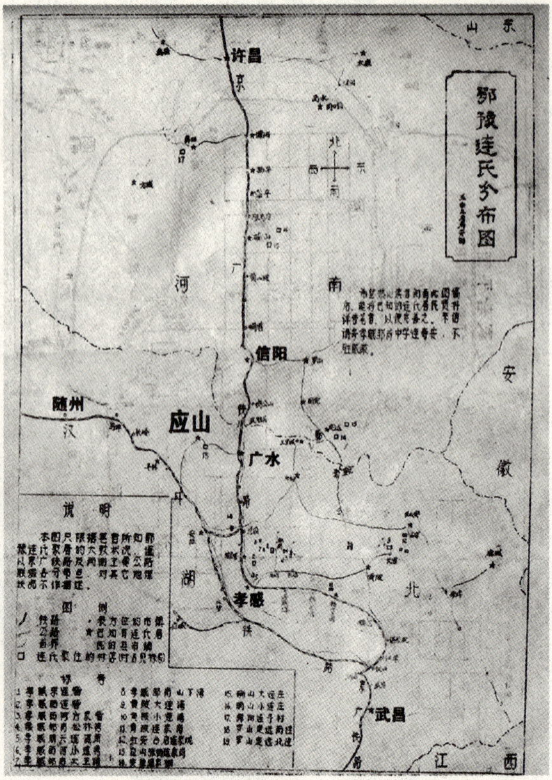

说到孝感连氏根脉，连国胜说，孝感连氏望出上党，脉自应山连家岗。据澴川连氏族谱记载：“黄陂长堰之连氏宗祠始建于同治十四年，共上中下三层，雕刻有各种图案包柱匾额数十种，记有连氏祖宗功德，祠堂当面有四个大金字‘上党世族’。”

连国胜说：“应山连家岗是我们的发祥地，连舜宾是我们的始祖。1990年我们两地即着手联谱。应山‘世’字派与孝感‘正’字派为同一辈分。遗憾的是，因为当时人力财力等因素制约，原计划的‘鄂豫合谱联宗’的宏愿最终落空。后来孝感东西连寨连氏宗谱单独编成。”但是，今天我们从孝感《连氏宗谱》中还可以看到关于应山连氏的不少记载。该谱对连舜宾、连庶、连庠、连南夫、连万夫都有详细记载，还有关于连庶墓记载，指明其墓葬于广水南部曾家山之白果园。这是广水此前没有发现的记载。

三、从广水南迁的连氏宗亲

根据浙江乐清连瑜先生研究，全国连氏大约50万人，在中华姓氏人口数量排名中占第240位。宋代南迁的应山连氏后裔遍布台闽浙粤赣琼多省。

1993年江西石城珠坑编修了一部《连氏宗谱》，实际上是闽西宁化、闽北崇安、赣南石城等地连氏联谱。卷首收录了明嘉靖三十九年（1560年）至民国13年相关各地连姓先辈所撰老序23篇。这里我们摘录两篇如下：

第一篇是民国十四年连嘉梧撰《舜宾公初修源流序》：连氏受姓于周，郡名上党……其中显宦名儒、尊卑世次，茫不可考。迨宋舜宾公，乃后梁光裕公之孙、正公之子也。屡著善行，欧阳文忠公表其墓。生子四：曰庶、曰庠、曰庸、曰膺。庸、膺二公另族湖北。庶公、庠公，均宋进士，从学文忠公，后入四贤堂。庶有五子，长显公，官居龙岩。显生四子，次曰太瑞。瑞生三子，长爵成，由龙岩迁居邵武禾坪，生子四。其三子寅暄由禾坪分迁建宁连坊，生子二：子传、经传。经传次子翼之亦登宋进士，生子四：长积榅，均房，居三滩；次积珠，和房，居水西；三积宝，安房，居大坪；幼积瑰，分居长吉。积榅生十子，名曰十郎。其三郎字厚赋，生四子，长珧彩，生子宪公。宪公之子广成，生三子，即子兴、子昌、子实是也。复查积榅幼子名曰厚生，由建宁连家磜分迁广东潮州大埔县，传十二世。文美公生子二：长曰淑璋，次曰淑伟，皆厚生公之裔也。至于庠公，乃庶公之弟也。生五子，其幼子灿公，字端夫，官至直阁学士。生四子，长潜公，宋绍兴己未进士，生四子。其三子庄亦生四子，长曰祥公，字肇祯，由建宁三滩徙居宁化案湖。次正公，三祚公，均居顺昌。幼子祺公登宋乾道丙戌进士，其裔族金溪锦湖。祥公生二子，曰富、曰贵。贵生朝郎，朝生贤朗，贤生映郎，映生奇郎，奇生万郎，万生孟郎。孟生五子：长曰春郎，居江西抚州；三曰秋郎，居漳州龙岩；幼子蔓郎公，即宁化坪铺与宁都寨溪之脉祖也。厥后两房枝分派衍，散处遐方。其族于各省县者，几不可胜数。惟广成公之裔兴国蜀田、龙头、新田上、雄格、瘦段、古龙冈与蔓郎公之裔寨溪居址相近，欢联族诣。

第二篇是乾隆五十八年连襄云撰《十族源流实录老序》：连氏受姓于周时，齐大夫子亚公以来，自宋时光裕公世居闽县，任湖北随州应山令。后为磁、郢二州推官，卒而返葬应山家焉。子正公。孙舜宾公，字辅之，善行欧阳文忠公《墓表》详哉。生四子：庶、庠、庸、膺。而庸、膺之后，另居湖北。庶公之孙太和公分居龙岩，曾孙运成公生子二，安陵、碧陵。而安陵公徙兴化府莆田县巷桥村，子宾元公生成中。成中之子淡轩公登淳祐进士，任抚州，临川县之北，名曰连坊桥之，次子子荣公分迁进贤县。至幼子之孙均右公，又分迁本县三都曰张坊。而荣公之五世孙正节、廷节公同分迁本县之北曰清溪。此俱庶公五世孙安陵公之派也。安陵之弟碧陵公居龙岩，子裕公生子鸿中，鸿中公子巽轩、震轩、颐轩，而巽轩公登咸淳进士，检饶城通判。因元变，隐居于金溪县之南曰中湖。至五世孙有华公、四公，分移近址曰溪缓。至十二世，有文明公又由中湖分居中乡之秧塘。因附中湖为一族。以孙洪一公、洪二公复移建昌府南城县朱良新庄、楼背、容坊、逸池等处，皆巽轩公后也。若震轩公，国学生，析贵溪之柴源，子福公、绿公复迁道源，传十五世。成高公分居沿山，名曰童源，此俱庶公五世孙碧陵公之派也。太和之五子企成分泉州，至十七世，有初、有财公分福建邵武、光泽县之北，名曰渭村。此与安陵、碧陵两派，皆本于舜宾公长子也，庶公来者也。其余别族分迁者不详焉。庠公者，舜宾公之次子，庶公之弟也。子端夫公，知南剑州。子潜公，留顺昌县，生遵道。遵道生四子，长祥公，分居宁化案湖。幼子祺公，以宋乾道进士任临川县令，留家于金溪县东之连洋铺。槐公其子纪，迁塘坊。纪公之子钦公，复移近址邱岗，曰锦湖。子德三公，生子清一。清一之子义二，生子三：善一、善七、善十。而善十则锦湖族之少祖。善一公子祥四公生祉二，祉二之子礼三徙居本都鸦鹊源族。阡公分居连城惠连，复分建昌城内连家湾、金斗窠、连家巷等族，皆舜宾次子庠公所出也。而庶公以下之连坊桥族、清溪张坊中湖族、绥溪族、童源族、渭村，并庠公以下锦湖族、鸦鹊源族、南城县族、广信府城内大安坊族之从，初皆舜宾公之裔也。

透过这两篇序文，结合相关史料，可以窥见应山连氏迁徙分布之一斑：

一、闽南龙岩、连城连氏。连庶长孙显公任龙岩令，随任居家龙岩。庶公三孙谦公游学龙岩，热爱龙岩山水，定居龙岩。庶公四世孙致和由龙岩迁居龙岩北面的连城县。后来庶公六世孙慎中也由龙岩迁连城。

二、闽北建宁府建阳县、崇安（今武夷山）五夫连氏。连庶次孙迪公，名弥，派名荣三，由河南光州固始令，升江西饶州府尹，又调建宁府刺史，由鄂北应山迁居闽北建宁府建阳县西罗，其后裔又迁居崇安五夫等地。

三、赣南石城、宁都、广昌、兴国连氏。1993 年，他们发起联修《连氏宗谱》，他们认为，“吾连氏始原应山，至后梁光裕公祖，代有可考。”

四、闽西泰宁连氏。庶公曾孙太光，名九郎，由应山迁居泰宁县南乡善溪下堡坑桃源坊。

五、连江县连氏。庶公曾孙太宁，由应山宦迁闽江口连江。

六、闽北建瓯连氏。据江西宁都下西关《连氏初修宗谱》记载，庶公四世孙凯成迁殴宁县，仰成迁建安县。瓯宁和建安是闽江上游闽北“金瓯宝地”，民国二年两县合并设建瓯县。

七、庶公四世孙企成，宋绍兴年间由龙岩宦居泉州府安溪县。

八、庶公四世孙爵成，由龙岩迁居闽北邵武禾坪。

九、爵成三子寅暄，宋嘉泰年间由邵武禾坪迁闽西建宁县黄溪堡连坊。

十、寅暄之子庶公六世孙子传迁闽北建阳巷桥村。

十一、廖成迁江西吉安。

十二、颂成迁江西赣州。

十三、美成迁赣南信丰县，庶公十二世孙福清，后来也由闽南武平迁信丰县石背堡。

十四、庶公玄孙运成公长子安陵，字为阜，宋绍兴二十八年擢山陕观察使司，后定居福建兴化府蒲田县。

十五、庶公六世孙懋元迁闽西永安。

十六、登元迁闽北松溪。

十七、庶公七世孙敬中、仪中居闽南武平。

十八、庶公八世孙鉴公，由龙岩迁江西安远县上坝马眼篱。

十九、诰公，居闽东兴化县。

二十、诛公、泗公均居闽东莆田。

二十一、渊公，字叔源，号淡轩，淳祐进士，任抚州太守，后隐居江西临川县长乐乡连坊桥。

二十二、江西建昌府南城县连氏。巽轩公后裔洪一、洪二由金溪迁建昌府南城县朱良、新庄、容坊等地。

二十三、庶公九世孙厚瑜，名大郎，由闽西建宁县黄溪堡连坊迁赣东广昌县仁寿凌安里头坡。

二十四、庶公九世孙德先居建昌西门连家湾，其弟德后明代由建昌迁江西广信府（治所今上饶县）城内大安坊。

二十五、庶公十二世孙福宁由武平向北迁居清流。

二十六、闽北南平市顺昌县连氏。庠公幼子连端夫，派名荣十，宋宣和三年（1121 年）知南剑军州事，卒葬南剑州顺昌县来富村。如本书第三章所述，2007 年 6 月，当地连氏已发现其墓碑。其子潜，从应山到顺昌守父丧，侨寓顺昌。

二十七 、永泰县连氏。据永泰连氏族谱记载和当代连姓考证，其先祖明代从闽北顺昌县墩头乡南迁福州永泰县。

二十八、福建宁化、江西金溪等地连氏。《中华连姓》2007 年第 2 期载《顺昌发现宋代连氏名人墓》，文中附了一幅世系图：

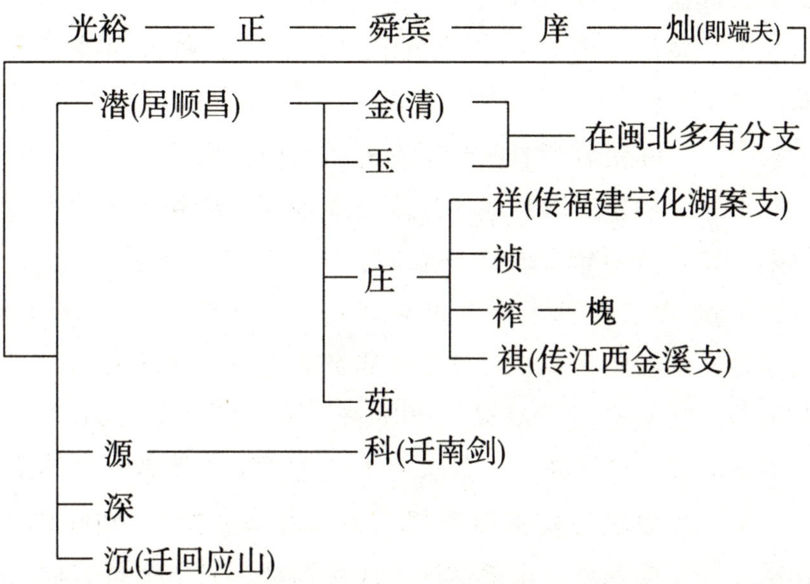

此世系图根据石城连氏族谱和连端夫墓碑而来，出自连钧文先生专家之手，自然十分权威。但此图也有值得商榷的地方：连灿（端夫）不是连庠子。连庠子为连仲熊、连仲熙，端夫应为庠公孙，仲熊或仲熙子，这在湖北应山记载十分清楚。此图清楚表明，闽北赣南应山连氏的传人众多。连钧文先生文中写道：“（江西石城连氏宗谱记载），灿公乃宋名处士舜宾之孙（应为曾孙。作者注）‘连底冻’连庠之幼子（应为孙。作者注），妣游氏，续妣赵氏，生子四，潜、源、深、沉。长子潜，字孔绍，号养静，宋绍兴己未进士，任绍州通判，丁卯来南剑州守父丧，侨寓顺昌，后家焉。妣冯氏，续妣倪氏，生四子，金、玉、庄、茹。

碑文刻孙名清，按谱音推理当为‘金’误，正是墓主的长孙”。从族谱、碑文和世系图可知：端夫长曾孙祥公传衍福建宁化湖案支连氏子孙，端夫第四位曾孙祺公后裔居江西金溪。另外端夫七世孙厚壁的五个儿子俱迁宁化。庶公玄孙运成公次子碧陵公后裔巽轩，任饶州通判，后隐居金溪之南中湖。

二十九、广东潮州连氏。据宁都下西关《连氏初修宗谱》记载：庠公孙益公迁潮州府。

三十、赣南宁都连氏。庠公五世孙秋郎、蔓郎后裔迁宁都寨溪。

三十一、庠公后裔孟郎长子春郎居江西抚州。

三十二、福建霞浦县渔洋连氏。此地至今尚存宋行省布政使连恒墓。2005 年霞浦县文体局立碑：“行省布政司连恒之墓，经本局于2005 年 8 月批准公布为县级文物保护点。”《中华连姓》主编连钧文根据族谱确认：“墓主连恒是光裕公之六世孙，南宋宣和进士，官至行省布政使。子连应，谥议郎，官七品。宋末，父子因避战乱，隐居渔洋。后人将其父子及应公妻李氏葬于此。”

三十三、福建福安秦溪连氏。据《中华连姓》2006 年第 3 期介绍：闽东福安城区东郊秦溪连氏聚居地，有 7 个自然村 1365 户 5000 多人，光裕公第八代孙子华公为秦溪连氏始祖。子华公生于宋理宗端平乙未年，即公元 1235 年，官务前税课局大使。其父应公以人才辟举，嘉定三年（1210 年）避乱浮海，居于长溪考河，即今霞浦渔洋。后迁入韩阳坂，即福安城内。

另外，根据笔者考察，福建龙海、浙江乐清《连氏宗谱》记载及《中华连姓》杂志透露的信息，应山连氏后裔迁徙地还有：

三十四、浙江乐清、福建闽侯、龙海（包括台湾台南宁南坊连战家族）连氏，分别为南夫公三个儿子连雍、连谷、连莹的后代。

三十五、从浙江乐清岀前迁出的连氏，人口分布 4 省 10 县。根据岀前历届连氏宗谱记载，当代岀前连氏宗亲会严密考证辨别，从乐清迁出的连姓人口较集中的省份是浙江、福建、台湾、江西，有黄岩、温岭、玉环、瑞安、永嘉、鹿城、德清、余杭、福鼎，包括乐清在内10个县市。这10县市连氏每年都相聚举办祭祖活动。

三十六、闽南云霄县云陵镇连氏。据连俊三等撰《福建龙海连氏源流》记载："明朝嘉靖末年，连界率后裔从玉田迁往云霄县云陵镇宫后社，至今繁衍18世，现有人口400人左右。"

三十七、闽南平和县小溪连氏。《福建龙海连氏源流》记载：清末有连姓从马崎移居平和县小溪。

三十八、厦门集美区、同安区等地连氏。《福建龙海连氏源流》记载："明嘉靖年间，连山15世祖从岐山白石社，移居厦门集美区后溪镇白石社，后再分居东埔村、新社及同安区莲花镇泗桥等村社"。

三十九、台湾、广东、东南亚各地连氏。据《福建龙海连氏源流》介绍：早在明初明朝政府下令防倭禁海，龙海连氏从玉田山迁移的时候，就有龙海连氏迁往台湾、广东等地。连界公长子从闽南云霄县迁往广东揭阳、海丰及台湾南洋等地。清顺治年间，清政府为阻隔沿海人民与郑成功联系实行"迁界"，福建沿海居民四散迁徙之时，龙海连氏不断从马崎、好坑移往广东、台湾台南、南洋诸国。台湾连战家族就是清康熙年间从马崎迁往台南宁南坊马兵营的。

我们应该看到：1993年江西石城珠坑《连氏宗谱》，所收录的文献资料是最原始最珍贵的资料。闽北崇安连氏族谱最早始修于明嘉靖三十九年（1560年），至民国十三年已4次编修；闽西宁化案湖连氏族谱始修于清顺治八年（1651年），至民国十三年已7次编修。数省数十次编修的宗谱，不应该全部都是伪造。

闽赣连氏宗谱记载的连氏人口繁衍迁徙过程，与史学界公认的闽粤赣边三角地区客家人口迁徙规律正好吻合，与宋元时期北方动乱，应山遭受宋金、宋元战乱，北方人口向南迁移的中国历史大势相吻合。

如果说地方志、姓氏族谱只是文献资料，那么2007年6月福建顺昌发现的连端夫墓碑和保存在龙海马崎连氏宗祠的连南夫墓道碑就是印证文献资料的有力物证。连端夫的墓碑出现在南剑州顺昌县，连南夫墓道碑出现在漳州龙海市，与当地《连氏宗谱》，当地县、府、省志，与江西石城《连氏宗谱》，浙江乐清《连氏宗谱》，与《应山县志》《湖北通志》记载相吻合。迁徙时间、地点、原因相当一致，今人、古人，相去千山万水素不相识的人之间不谋而合，文献、文物互相印证。

以上笔者所列广水南迁连氏宗亲分布情况表明，应山连氏繁衍播迁，枝繁叶茂。但此论实属孤陋寡闻、挂一漏万之见。从目前掌握的有限史料中我们还可以发现丰富信息。从连迪派名荣三、连灿派名荣十看，连舜宾长、次子庶、庠之孙，至少有10人，庸、膺之孙至少有连喆夫、连南夫、连万夫3人。关于这10多位兄弟后裔繁衍分布情况，目前比较清楚的只有显公、迪公，端夫、南夫、万夫，其他兄弟分布何地，如何迁徙繁衍，还有大量的调查考证工作。

第五章　隔不断的亲情

连氏家族，从上党→固始→婺州→闽县→应山→龙溪→台湾，上下3000年，其间经历多少改朝换代的曲折，饱尝多少流离颠沛的苦难，但是中华民族炎黄子孙的凝聚力是伟大而神奇的，在当代连氏宗族的不懈努力下，连氏宗族3000年的血脉一朝贯通，海峡两岸连氏同根同祖的亲情亲密对接。物本乎天，人本乎祖，报本追源认祖归宗的步伐是任何力量不可阻挡的，血浓于水的亲情是任何至理高论无可非议的。

一、漫漫寻根问祖路

回首应山连氏与全国各地宗亲曲折而坚定的联亲步伐，我们可以发现人类血脉亲情凝集力是多么伟大和神奇。

1990年前后，浙江乐清、福建龙海等地连姓宗族先后千里寻根到广水。

最早到广水寻亲的是浙江温州乐清岜前连氏。首先，他们发函到当时的应山县地方志办公室打探究竟。至今，在广水市党史地方志办公室档案室的案卷中，还完整保存着当时乐清县志办介绍信、乐清连氏的信件、照片等。他们来信说：根据连氏宗谱记载，乐清连氏祖籍在湖北应山，希望帮助查找有关其祖先的文献资料，联络其连氏宗亲。应山县地方志办公室热情回复，安排彭有智同志负责联络。彭有智是应山县第一届修志时从陈巷镇抽调到县志办编修《应山县志》的，其祖居地就在连舜宾墓所在地的陈巷镇辅弼冲楼坊湾。一届《应山县志》编纂出版任务完成以后，彭有智同志回陈巷，该办又安排彭为群同志负责与闽浙连姓保持联系。

1990年清明节前夕，浙江乐清连氏在初步弄清应山先祖情况以后，选派连祥荣、连振桂、连正象三名代表，携带连氏老谱、乐清海鲜等祭品，由乐清县志办开具介绍信，千里迢迢奔赴湖北广水。

据当时负责接待的彭有智同志介绍，来广水的乐清连氏代表住在应山东大街的工农兵旅社，并与广水连氏族人广水市政府办公室干部连明纲取得联系。当他们一起在广水市史志办查阅了明、清《应山县志》，找到了旧志中大量关于连氏人物及其辉煌历史的记载，现场目睹了连舜宾墓、连庠墓、渡蚁桥等名胜古迹以后，他们抑制不住心中的喜悦，连夜发电报回乐清。乐清岀前连姓得知喜讯后，敲锣打鼓，燃放鞭炮，合族庆贺。

1990年3月浙江乐清三位连氏宗亲在连舜宾墓前留影。

右起：连正象、连祥荣、连振桂

2007年11月24日，笔者与广水连氏宗亲连备等一行四人，在浙江乐清岦前见到当时到广水祭祖的连正象时，他说："1990年清明节，我们一行三人到应山祭祖，那还不是第一次，此前我还去过数次。早在1985年我就与应山祖籍地取得了联系。"

经连正象介绍，我们才进一步得知了广水、乐清两地连氏宗亲的联络过程中的机缘巧合。他说："1985年，大约是春天，我出差到广西壮族自治区南宁市，住在南宁的一家宾馆。当时我隔壁房间里正巧住着一位应山人，他叫郑行德，是一家企业的负责人，那次是到广西采购小径木柴的。说来也是有缘，我们偶然相遇闲聊，得知他是应山人。由于从小就听老人说，我们的祖先是从湖北应山来的，我不由地向他打听应山有没有姓连的。谁知他说应山有姓连的，而且应山连姓古代很有名气，县城过去有四贤祠。他还说，应山正在修县志，对连氏历史文化古迹很重视，他和应山县志办公室的人很熟，回去帮忙打听打听。这样我们互相留下了通信地址、电话号码。他回去以后，给我打了好几次电话，介绍了应山连氏的历史。我将以上了解的情况报告给我们乐清岦前连氏宗亲会，得到宗亲会的高度重视。所以我后来多次到应山访亲祭祖。"

我们在乐清连新飞会长赠送的《岦前古今》第4期上，看到了1990年连祥荣、连振桂、连正象探访应山以后写的文章，题目为《访湖北应山》，文前还加了一段编者按。从中我们进一步得知，乐清连氏探访应山的原委。请看该文：

按：我岦前连氏源流，在以往族谱中曾简要提及，只知始祖出自湖北应山。但由于各种原因，而未曾寻访。缘于1989年事发《故事卷》风波后，始发寻祖之念，并指派连祥荣等三宗亲前往湖北寻根访亲。现将他们当年采访记录予以发表。

公元一九九零年三月十七日，我等三人承族人之委托，怀急切之心情，带乐清县志办之介绍信，风尘仆仆到广水市志办觅求我连氏太祖南夫公遗轶之政绩。承广水市志办同志的热情关注与“连家岗”同胞的全力支持，终于找到了我太祖多方面的遗轶政绩；尤其是抗金政绩一直被埋没，极为憾事。伟哉我祖，愿您的千秋伟业万世永存，愿您的民族精神永远发扬光大，让爱国主义精神普及全国。事后我们又跑了南京和上海的古籍书店，广泛为之求证充实。在湖北我们还拜祭了应山和白果园的祖坟，访问了连家岗同胞。这次时间半月，来去匆匆，算勉为其事，回家交代了重托。但吾连太祖的政绩光同日月，还需更广泛、更深入地探真求实。如此重任，尚求乐清县志办和后来连姓子孙去完成，我们在此寄予殷切冀望。

探访人：浙江省乐清市虹桥镇峃前村连姓子孙：连祥荣、连振桂、连正象。

连祥荣执笔

（本文写于1990年5月）

从2001年版《峃前连氏宗谱》中连瑜秘书长的一篇《龙海联亲记》，我们还可以看到，乐清、龙海连氏宗亲考察应山之后产生了系列连锁反应。请看连瑜先生叙述：

辛巳（2001年）六月十七，吾族连新豪、连道光二族亲，受族之托，赴闽省龙海考察南夫公后裔。事缘于1990年，吾峃前连氏宗族派代表赴湖北应山参祭先祖。复返，将始迁祖南夫公之历史事迹及溯源寻根情况，撰写成文，通过乐清市台办主任、吾族宗亲连正高发表在台湾温州同乡会刊上，由此引发部分南夫公后裔之关注，同时消息又传至闽省龙海，萌发连姓宗亲赴吾地考察之念。1997年吾族地峃前举办“鄂、赣、闽、浙四省会族”之盛事。闽省由龙海连俊三等5位宗亲前来参加活动。通过考察吾族八百年历史之谱牒，实地考察先祖陵墓、宗祠牌坊，最终确认吾地为南夫公长子后裔，且认彼地为南夫公三子后裔。同祖同宗，浙闽联亲。为考证此论，故吾族有以上赴闽之举。

自从1990年清明节浙江乐清连氏到广水寻根谒祖后，浙江、福建、江西、广东、山西连氏与广水连氏联系就经常不断。

1995年，温州乐清连氏与广水连明纲联系，相约回归广水故里投资兴业，广水镇有名的天宝大酒店就是乐清连氏在广水投资兴办的实业之一。

1997年清明节，乐清岴前连氏宗亲会举办“四省会族”活动，邀请广水连氏宗亲参加。据当时应邀参加此次活动的广水史志办干部彭为群回忆：

乐清连氏事先发函到广水，定购好武汉至温州的机票，确定迎接我们的时间、地点。当他和广水连氏宗族到达乐清岴前时，岴前连姓族人打着横幅标语在村头迎接，敲锣打鼓，列队欢迎。

庆典仪式是在离虹桥镇岴前村10公里之外的蒲岐镇娄嶴村凤凰山麓南夫公墓前举行的。参加此次会族活动的有来自湖北、江西、福建、浙江、台湾、广东6省及东南亚各国的连氏宗亲。福建龙海连氏、南夫公三子后裔也参加了此次活动。其中龙海市著名书法家、龙海市物资局退休干部连俊三，龙海市农业局退休干部连添福都是广水的老朋友。广水代表在浙江与他们重逢，大家欢聚一堂，叙不尽离情别绪。

举行祭祖仪式这一天，从岴前至凤凰山上十公里的大路上，扯满了横跨公路的巨幅标语。到会的上千名宗亲，乘坐100多台大小车辆，排成长长的车队，秩序井然，车队过处，锣鼓喧天，笙乐齐鸣。在南夫墓前举行了盛大的祭祖仪式之后，又浩浩荡荡回岴前祠堂吃饭。五个祠堂同时开饭，祠堂和露天庭院都摆满了酒席。广水连氏宗亲作为祖籍地代表被安排在“连氏大宗”之内，席间也成了座上宾。

彭为群同志参加了浙江乐清“四省会族”活动以后，写了一篇题为《国民党行政院长的根在应山》的消息，分别向《广水日报》、《孝感日报》、《湖北日报》投稿，当时只有《孝感日报》在星期天副刊上报道了这一消息。

2008年5月16日至18日，全国连氏宗亲会在福建召开，广水连姓应邀参加。广水连静、连燕姊妹带去的明《嘉靖应山县志》，受到参会连氏宗亲的热切关注。广水连备被大会推荐为中华连氏文化源流研究会12个常务理事之一。会上，浙江乐清连氏宗亲会表示捐资10万元支持修缮应山祖墓。

2008年6月下旬，福建龙海连氏宗亲会及10个分会的会长，集体签字盖印，向全国连氏宗亲及新闻单位发函，同时向先祖连南夫的祖籍地湖北广水发函，郑重申明："连南夫是'连山连氏'始祖，霞漳连氏（马崎连氏）的鼻祖"。澄清是非，维护先祖尊严。

2008年12月28日，福建省顺昌县连氏宗亲，继2007年6月发现其始祖连端夫墓碑之后，举行"连端夫入闽888周年暨陵墓修复峻工纪念活动"，邀请广水连氏宗亲和中共广水市委参加，广水市四大家分别派出领导人前往福建，得到顺昌县四大家领导和当地连氏宗亲的热烈欢迎。

图为广水市委宣传部长刘秀玲（主席台前立）在纪念仪式上致辞。

除闽浙连氏到广水寻根之外，广水周边地区连氏与广水发祥地的联系，自古都是频繁不断的。

据连舜宾墓所在地楼坊湾的村民祖辈相传：过去每年清明节都有人来上坟，上坟人来得很早，湾里人清晨起床就会发现每家大门上挂着3斤肉。村民还有一种说法，祭祖的人很多，骑着骡马成群结队。每年清明节，村里人都要为他们准备一些喂马的粮草，或准备一亩放马的青苗，反正人家每年都要来，吃了粮草会付钱的。

如何解释这两种传说？到舜宾公墓前扫墓的是何方连氏？发生在什么时期？笔者也作了一些分析：

这两种传说应该都是事实。第一种传说较普遍，可能这种早起早归的扫墓情况发生较多。第二种传说祭祖方式应该也是经常发生，不然村民不会形成每年为祭祖人准备马草的习惯。但他们是什么人呢？

第一种方式祭祖的人，应该是广水连家岗或随州、孝感等邻近地的连氏，不然不会有这么早起早归的速度。至于时间为什么安排这么早？可能是为了不打扰村民不张扬祖墓，抑或另有其他隐情。为什么要在家家门前挂3斤肉？那意思应该很明显，就是恳请楼坊湾彭氏乡亲对连氏祖墓多多照应！

第二种方式祭祖的人，应该是河南、湖南等地远道而来的连氏宗亲。显然，若说是广水连氏也太近，广水连家岗离蔽山舜宾公墓不到10公里，距离这么近，没有必要骑马备粮。若说是闽浙赣粤连氏，也太远。南迁连氏离湖北广水千里迢迢，在古代交通不发达的条件下，不便于携眷挈子年年长途跋涉。根据孝感肖港东西连寨的《澴川连氏宗谱》记载：河南、山东、河北等地连氏，“旧时其后裔常于清明骑着骡马，携带香纸供品南下孝感祭祖”，也可证实这第二种传说祭祖的人，应该是豫南等地连氏后裔。

那么这两种传说中的事情发生于何时？第一不是在当代。楼坊湾老人说得很清楚，他们只是听祖辈传说并没见过，而且建国后近60年祭祖之习较淡，据连家岗连氏自己讲，建国以后，连家岗宗亲基本没去辅弼冲楼坊湾上过坟。第二不是在宋元两朝。楼坊湾村民都姓彭，最初只有两户人家。据祖居本湾的原应山县地方志办公室干部彭有智讲，他们彭姓定居楼坊湾是明初以后的事。《彭氏族谱》有记载：广水彭氏是明初洪武年间从江西过籍而来。也就是说，宋庆历二年舜宾公墓葬蔽山之阳时，还没有墓前的这个楼坊湾，彭姓人家还在江西没迁应山，当然不会有以上两种传说。所以上述两种传说中的事应发生在宋元之后，共和国建国之前，即明清两代。

分析楼坊湾村民的传说可知，连舜宾墓在明清两代依然有众多后裔前来祭祀。至于宋元，特别是宋代，正是连氏家族兴旺发达之时，祭祀一定更加频繁和隆重，只是到近现代连处士墓才逐渐被人冷落。

1978年中国改革开放以后，随着人民群众生活水平的提高，随着国民传统道德文化观念的苏醒，中国人尊祖敬宗的意识逐渐浓厚，广水连氏先祖墓、广水连氏发祥地也开始受到鄂豫闽浙台粤赣等全国连氏的广泛关注。广水周边各县市的连氏，因近水楼台，到广水寻根问祖的活动频繁。

根据连家岗连氏族人介绍，改革开放以后，从连家岗迁出的广水各地连姓纷纷与连家岗联系，要求认祖归宗，共修谱牒。广水之外的孝感、黄陂、云梦、安陆、大悟、曾都分别来人、来函、来电，表达了认祖归宗的愿望。

就拿孝感市肖家港东、西连寨的连氏宗亲来说，很早就与广水有联系，1991年两地还准备联合修谱。

1991年东西连寨《连氏宗谱》卷首还记载了当时的联络过程："这次联谱，（1990年）5月下旬，由西寨仁德、仁云去应山访问明华、明刚，6月中旬函邀应山来人；7月中旬，应山派明泽、光芬二人到总谱编委会面谈后拟出联谱协议书，历经数月无音信，编委会特于11月8日派义志、寿安二人赴应山走访……”

笔者在广水连家岗已故老人连明泽家中和孝感西连寨，都找到了1991年7月23日签订的“应山孝感合谱联宗决议”，应山方面签字人为连光芬、连明泽2人，孝感方面签字人为连滋敬、连玄清等6人。

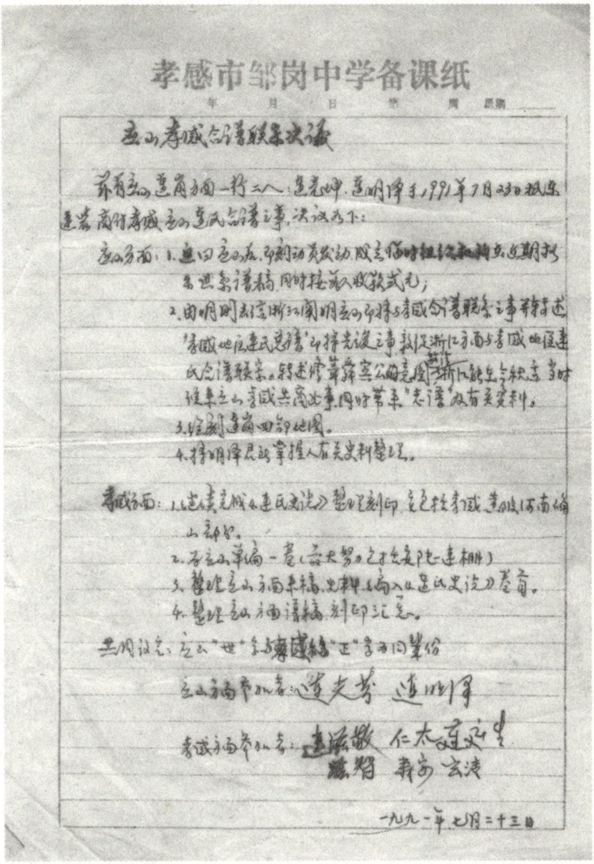
孝感市邹岗中学备课纸

应山孝感合谱联宗决议

一九九一年七月二十三日

图为应山孝感连氏宗亲1991年签订的兴修宗谱决议

决议“应山方面”第二条规定：“由明纲联络浙江福建，阐明应山即将与孝感合谱联宗之事，并转告《孝感地区连氏总谱》即将告竣之事，敦促浙江福建与孝感连氏合谱联宗。转述修葺舜宾公墓的意图。邀请浙江福建连氏宗亲能在今秋适当时候来应山孝感共商族事，带‘老谱’前来对谱。”“孝感方面”第一条规定：“继续完成《连氏史志》整理印刷，做好黄陂、河南连氏联谱工作。”第二条规定：“为应山单编一卷，将安陆连棚一起编入。”最后还有一条“共同决定”：“应山‘世’字派与孝感

‘正’字派为同一辈分。”

从以上记述可知，闽浙粤赣以及广水周边地区的鄂豫连氏自古就往来不断，20年前就认祖归宗，是连氏宗亲自发的、民间的，没有任何政治的、功利的因素，连氏家族寻根问祖的步伐是漫长曲折、顽强坚定的。

二、马骐先生到广水

2006年清明节，连战家族史研究权威专家马骐先生到广水考察。

当时，中国国民党荣誉主席连战先生即将赴北京参加首届两岸经贸论坛，并准备到福建漳州龙海祭祖。马骐先生的著作《连战家族》已报国务院台湾事务办公室审稿，准备印刷出版。马骐先生刚刚应邀参加了福建省台办举办的连战先生寻根祭祖资料筹备会。

在此情况下，马骐先生下决心实现其计划已久的广水考察之行。他在《台湾源流》第35期《湖北应山连氏源流考察纪实》开篇中写到：“……促使我下决心进一步研究连氏家族源流，特别是其中的重要、关键人物连南夫。我想：《漳州府志》、《龙溪县志》、《宋史翼》等古籍及龙海马崎村连氏宗祠内保存的《连南夫墓道碑》中都记载‘连南夫，应山人也’，那么连南夫原籍‘应山’有没有他及这支连氏的史迹？应山县志有无记载？与龙海资料是否吻合？特别是要进一步搞清连横——连战家族源流，必须沿着其龙溪开基祖连南夫的史迹往上追溯。因此我决定去应山考察。”

2006年4月7日，马骐先生从北京乘车沿京广铁路到广水。凌晨2点30分到达广水火车站，凌晨4点住进应山城区一家旅店，早上8点他直奔广水市党史地方志办公室，得到分管业务的副主任朱幼林的热情接待，查阅了1989年《应山县志》和明清应山旧志。下午6点下班时，朱幼林同志将马骐先生查找连氏史料一事告诉了笔者。当天是星期五，第二天和第三天就是双休日，我当即请朱主任电话邀请马骐先生见面相谈。当晚双方就广水连氏与福建龙海、浙江乐清连氏的血缘关系进行了热烈讨论，两方观点基本一致，史料全部对接，双方皆兴奋不已。

第二天上午，我办安排车辆，邀请广水电视台记者，引导马骐先生考察了连氏家族在广水的遗迹。上午8点，我们来到应山城关南门，寻访了四贤祠，找到了四贤路路标、居民门牌、四贤祠旧址、渡蚁桥。9点我们驱车赶往陈巷镇，陈巷镇党委书记秦国森、副书记王德旺热情接待，安排专人陪同到辅弼冲楼坊湾考察。

马骐先生（左二）在四贤路上考察

在楼坊湾，我们引导马骐先生找到了连舜宾墓，找到了墓园四周用黑牛石所砌的围墙遗迹，采访了楼坊湾村民。马骐先生和广水电视台记者拍摄了考察过程。

下午，我们一行6人冒雨从陈巷赶到城郊乡团山，考察了连庠墓。

一路上，马骐先生十分兴奋。他一再表示，没想到广水不但保存了连战家族先祖大量的文献资料，而且遗留下这么重要的文物古迹。他一再感叹连战家族真是千年望族，其先祖墓地、祠庙选址如此独具匠心，风景如此优美。

他表示所撰《连战家族》推迟出版，把在广水考察得到的大量史料充实进去。

本来，在马骐先生考察广水之前，广水市史志办已多次向社会各界披露连氏家族发祥地在广水。2006年清明节前夕，史志办在得到连战先生将赴北京参加两岸经贸论坛及到福建龙海祭祖消息之时，又以文字形式向市委市政府报告“连战先生之根在广水”，已经引起了广水市委、市政府关注。现在马骐先生专程到广水考察，再次认定此事，这一消息，经过广水电视台发布以后，在全市产生了强烈反响。4月9日湖北电视台也播发了“连战先生之根在湖北广水”的新闻。

4月13日连战先生率170多人的代表团到北京参加“海峡两岸经贸论坛”，达成促进两岸合作的15项政策措施。在庄严的人民大会堂，胡锦涛总书记和连战荣誉主席再次握手，实现了二次“胡连会”。4月19日，连战先生携家人到福建漳州龙海市马崎村寻根祭祖。这些，都受到了广水人民的热切关注。

三、擦亮千年文化明珠

广水蕴藏着灿烂的连氏文化，是台湾连战家族之根。宋元明清以来，连氏文化对广水影响深远，改革开放以后，随着连姓族人到广水寻根，特别是2006年清明节马骐先生到广水考察，一度淡忘的连氏文化逐渐被广水人民记起。2007年广水市委市政府开展了连氏文化研究保护工作。

2007年3月下旬，连战先生参加第二届两岸经贸论坛的日程在新闻媒体上透露后，广水市史志办与安徽马骐先生联系，得知马骐先生大作《连战家族》即将于4月出版，连战先生访大陆之际，有关方面将以《连战家族》为厚礼赠送连战先生。

无论是连战先生访问大陆，还是《连战家族》出版，无不牵动着广水人民的心。为此，广水市党史地方志办公室一方面及时向市委报告，另一方面通过发改局向上级有关部门申报抢救文化遗产保护项目，争取对连氏祖墓进行保护和开发。

4 月 6 日《连战家族》一书出版发行，连战先生登黄山时，安徽省委向连战先生及其家人赠送 8 册。该书以 10 章之多的篇幅，以 3—13 章之重要位置，记述了湖北广水连氏历史，加上附录《湖北应山连氏源流考察纪实》，以足够的依据充分地证明了广水是连氏家族的重要发祥地。为此广水市史志办再次向市委市政府建言：保护连氏文化古迹，开展连氏文化研究。2007 年 5 月 8 日市委办公室将史志办建议汇总到《每周专报》中，得到市委领导的批示。此后，连氏家族文化建设正式纳入了议事日程。

7 月 25 日，中共广水市委六届二次全体（扩大）会议召开，发出了重建四贤祠、抢救和保护连氏文化古迹的号召。随后成立了以市委副书记吴超明为组长、14 个相关单位负责人为成员的“连氏文化建设领导小组”，展开了连氏文化研究保护工作。

为了深度挖掘连氏文化，2007 年 11 月下旬广水市委组织了闽浙寻亲之旅，促成了广水连氏向后与闽浙台连氏根脉的衔接。

笔者参加了闽浙考察以后，扩大了视野，掌握了线索。为了向上追溯应山连氏源流，实现广水连氏根脉向前与上党连氏先祖相连接，回广水后，我又通过“中华连姓网”与《中华连姓》杂志社取得联系，通过《中华连姓》杂志社，我拜读了连云山先生《三千年亲情一脉传——中国上党连族与闽粤连族关系》一文，进一步弄清了广水连氏与上党连氏的渊源。

根据该文介绍：“连姓，春秋时齐国大夫连称之后也，葵丘著迹，上党开宗”。连称既为齐国大夫，为何又成为上党连族的开基祖呢？原来两千年以前的春秋时期并没有现在的山东、山西的划分，包括上党都是齐桓公管辖的范围。上党位于太行山中心，是一个高原盆地，古人因其地势高，与天为党，故称“上党”。上党连姓族源地在距长治45公里的襄垣县，该县阳泽河村附近30多个村落为古上党连姓聚居地，由于历代人丁南迁外移，现有人口约4000余人。

那么上党连氏是如何迁至广水呢？原来在我国历史上北方人民有三次大南流。一次是西晋末年，中国北方发生了持续300年的大战乱，中原士族和平民多避祸求生，从黄河两岸的中原地带逃往长江北岸，停顿下来之后，再设法渡江南逃。《晋书·地理志》说：“成帝初，苏峻、祖约为乱江淮，胡寇又大至，百姓渡江者又多，是时上党百姓南渡，乃侨立上党郡，共为四县，寄居芜湖两岸……”第二次是唐末五代和宋初；第三次是元末明初。连云山先生文曰：“隋唐以来，上党连族精英在外省做官，东至山东，西至长安，最多的是在中原中心河南……晚唐五代十国大战乱，使他们既不能留在河南，又不能回到战乱更激烈的原籍上党，相当部分人士只好向南迁移……大多数是沿着东晋时上党士族南迁的传统路线，由汝南、固始一带出发向东，经合肥直抵芜湖、镇江、南京北岸，由此渡江向东南由浙东入闽。”

读罢连云山先生文章，结合《应山县志》中“连氏世家上党”“其先闽人”的记载；结合《随州志》“连光裕世家上党，其祖聪徙居随”及欧阳修称连庶为“上党三哥”的记载；结合鄂北各地连氏宗祠上悬挂的“上党世族”的匾额，可知应山连姓实为上党支脉，大约在隋唐五代之际，连氏上党先祖经河南光州固始迁往浙江婺州，连总祖父连谋从婺州迁闽，连光裕祖父连总由闽迁随州，连光裕于宋初任应山县令，其后定居应山。也有一种说法认为，连氏从河南光州固始直接迁湖北随州应山。通过与山西连旭升先生、广水连备先生等共同讨论，追溯应山连氏根脉，实现了应山连氏向前与山西上党的对接。

经过数月努力，大家白天调查采访，夜晚编辑写作，一部考证连氏历史渊源学术论著，一部纪实电视专题片，一部诗词楹联集，在丁亥年年底胜利完成。此后，广水市连氏文化建设领导小组捷报频传：

随州市委书记马清明（右二）、广水市委书记李耀华（左一）到连处士墓修复工程现场视察。

广水《连氏宗谱》清、联、续、修系列工作正在有条不紊的进行中，广水连氏热切希望先祖的贤德能够得以弘扬，热切盼望能与上党、中原、闽、浙、台宗亲续上一脉亲情。

文化局会同建设局正在对连舜宾墓、连庠墓、四贤祠等文化古迹进行斟察设计，计划对它们进行忠于原貌的保护、修缮。

交通局与连处士墓所在地陈巷镇政府、与连都官墓所在地城郊乡政府，共同投资200多万元，修通了陈巷至辅弼冲、应（山）（大）邦公路至三钟山的水泥道路。

随州市委书记马清明、广水市委书记李耀华、市长周静先后带领有关部门到连处士墓修复工程现场办公，了解施工进度，解决工程困难。

千年古迹得以修缮，尘封的明珠得以擦亮。如今走进陈巷辅弼冲、城郊三钟山，游览城南四贤路、宝林滴水岩，漫步在通往风景区的道路上，徜徉在连氏文化古迹中，欣赏四周名山秀水，小憩于附近正在进行社会主义新农村建设的农家，令人流连忘返；咀嚼千年历史，品味连氏文化，思接千载，神驰万里。

斗转星移，寒去暑来。千百年来，多少人多少事在谈笑中流逝，在尘灰中湮灭，但有一种东西却永远不可磨灭，它在一代又一代炎黄子孙的血脉中积淀，在一个又一个先贤圣哲的身上结晶。在漫长的历史长河中历经冲刷，愈加耀眼生辉。应山连氏这颗千年文化之珠，就是这种不可磨灭的精神结晶。今逢盛世，连氏文化沐浴着改革开放的阳光，必将发出璀璨的光芒。他将照耀着连氏子孙万代站在先贤的肩膀上审视世界，捕捉春秋，诠释人生，引领海峡两岸血脉相连的炎黄子孙不屈不挠、不迷不罔，成长、成熟、前行，为祖国和平统一，为中华民族的强盛共同奋斗。

后　记

改革开放以后，闽浙等地连氏不断到广水寻根，海内外史学界热议广水连氏，作为连氏文化的重要发祥地的广水市，理所当然应该承担整理研究广水连氏文化的责任。2007年7月，广水市委、市政府提出开展连氏文化建设，分工广水市党史地方志办公室研究考证连氏家族源流。此时，我们史志办正在编修《广水市志》、《中共广水党史正本》等，几个专班正在按照年初制定的分工责任制紧张开展工作，大家都已是弓满弦紧了，经过再三考虑，我只有自不量力，给自己再分配一项工作任务。从7月份开始，我利用工作之余，时断时续，调查写作，到2007年底匆匆写出初稿。春节期间，我又得空进行了一次系统修改。

我知道，自己无论是学识水平，还是工作精力，要完成这个工作量相当大的任务，几乎是不可能的。但责任重于泰山，我只能不揣陋钝勉为其难了。现在终于交差了，心中既有小学生交考卷时的忐忑，又有挑担脚夫到达终点后的如释重负。令人忐忑的是，现在我无法觉察，本文哪些地方尚存贻笑大方的肤浅和无知。而令人自信的是，笔者本着史志工作者追求历史真实的责任，尽占广水相关史料丰富的优势，然后以史料说话，应当能够向史学界提供一份真实可靠的连氏历史参考资料。

在本书的编写过程中，祝学斌、李洁、胡启嘉同志在资料搜集打印校对等方面付出了辛勤劳动。承蒙广水市委书记李耀华同志赐墨作序。承蒙《中华连姓》主编连钧文先生、福建龙海连氏宗亲会会长连俊三先生题字，安徽史志专家马骐先生、南京理工大学王仁光教授、《中华连姓》执行主编连旭升先生多方赐教。在本书的编写过程中，广水市人民政府市长周静、市委副书记吴超明、市委宣传部部长刘秀玲以及湖北省台办、湖北省方志办、随州市方志办领导和全国众多连姓朋友们给予了有力支持，在此一并致谢！

胡启华

2008年5月16日完稿，2009年3月18日修订